# 그대 자신이 되어라

프리드리히 니체

박찬국 엮음

부북스

# 차례

# 서문

서양 철학자들 중에서 우리나라 사람들이 가장 많이 매료되어 있는 철학자는 니체라고 생각된다. 니체의 이름은 '신은 죽었다'라는 충격적인 말과 함께 시대에 대한 반항인으로서 그리고 깊이를 모를 심오함을 간직한 사상가로서 많은 사람들의 뇌리에 깊숙이 각인되어 있다. 사람들은 니체에 대해서 잘 알지 못하면서도 니체에게 어느 정도는 이미 매료되어 있는 것이다.

사람들이 니체를 제대로 알지 못하면서도 니체에게 매료되는 이유는 무엇일까? 그것은 니체 사상이 갖는 내용보다는 니체의 언어가 갖는 마력에서 비롯되는 것이 아닌가 한다. 그것은 '차라투스트라는 이렇게 말하였다'는 식의 예언자적 언어가 갖는 마력이다. 한편으로 파괴적이고 냉소적이면서 다른 한편으로는 사람들의 혼을 불러 일깨우는듯한 촌철살인(寸鐵殺人)의 강력한 언어는 그 문체만으로도 자신이 살고 있는 따분하고 갑갑한 삶에 물릴 대로 물린 현대인들에게 후련한 돌파구를 마련해 주는 것처럼 보인다. 니체의 언어는 철저하게 조직화된 기계문명에서 하나의 나사 부품으로 왜소해져 버린 현대인들로 하여금 그동안 억눌러온 분노를 분출하게 하고, 그동안 느끼지 못했던 생명력이 자신에서 솟아나는 것을 느끼게 하는 것이다. 사람들은 니체의 문체에 취하고 그렇게 취함으로써 니체를 이해했다고 생각하는 것은 아닐까?

니체의 언어가 갖는 이러한 마력으로 말미암아 니체는 많은 사람들의 지대한 관심을 끌게 되었고 시중에는 니체의 책 여기저기에서 뽑은 단편들을 모은 책들이 '니체의 잠언록'이란 이름으로 줄기차게 팔리고 있다. 사람들은 니체의 사상을 다이제스트 식으로 짧은 시간에 이해하고 싶어서 이런 책들을 사서 본다고 생각된다. 이런 잠언록 자체가 필요 없다거나 애초부터 잘못된 시도라는 것은 아니다. 사실상 니체의 저술들 중 많은 것들이 그때그때마다 떠오른 단상들을 체계에 구애받지 않고 모아 놓은 것들이다. 다만 나는 니체의 잠언들을 각 잠언에 대한 해설도 없이 모아 놓은 책들은 니체의 사상을 이미 이해하고 있는 독자들에게는 도움이 될지 모르나, 그렇지 않을 경우에는 독자들이 니체를 이해하는 데 전혀 도움이 되지 못하거나 아니면 독자들이 자신들의 편견과 선입견에 따라서 니체를 이해하게 되는 사태를 낳을 것이라고 우려할 뿐이다.

결국 그러한 잠언록들은 독자들이 니체 사상을 이해하거나 자신들의 선입견과 편견을 버리는 데 기여하지 못하고 독자들로 하여금 니체의 언어에 쉽게 취하게 하는 결과를 초래한다. 이런 맥락에서 본인은 그동안 출간된 니체의 잠언록들에 대해서 미진한 느낌을 금할 수 없었고, 제대로 된 잠언록이라면 잠언 하나하나에 대해서 아니면 동일한 취지를 갖는 잠언들에 대해서 니체 사상 전체에 대한 조망에 입각하여 해설이 덧붙여져야 되리라고 생각해 왔다.

본인은 이 책에서 니체의 잠언을 주제에 따라 모으되 동일한 취지를 갖는다고 생각되는 잠언들에 해설을 붙여, 독자들이 니체의 잠언을 읽어나가면서 니체 사상 전반(全般)을 자연스럽게 이해할 수 있도록 했다. 물론 해설이 덧붙여졌지만 이 책 역시 기본적으로는 니체의 육성(肉聲)을 독자들이 직접 접하도록 하는 잠언록이라는 성격상 본인의 해설을 되도록 간략하게 하고자 했다.

출판계의 어려운 사정에도 불구하고 이 책의 출간을 선뜻 허락하신 부북스출판사에 깊이 감사드린다.

2012. 4. 18. 관악에서

박찬국

# 니체의 생애와 저작

니체는 1844년 10월 15일 독일 라이프치히 근처의 뢰켄이란 작은 마을에서 태어났다. 아버지는 루터교 목사였고 어머니 역시 목사의 딸이었다. 이러한 가정환경에서 자라난 니체의 어린 시절 꿈은 목사가 되는 것이었다. 어릴 적의 그는 친구들에게 작은 목사라고 불렸을 정도로 신심 깊은 소년이었다. 니체가 네 살이었을 때 아버지가 뇌의 이상으로 죽었기 때문에, 니체는 할머니와 어머니를 비롯한 부인들의 보살핌 속에서 섬세하고 감수성이 예민한 소년으로 자라났다. 조숙했던 니체는 일찍부터 시와 음악 그리고 철학에 탁월한 재능을 보였다.

니체의 부모님

니체는 1858년 열 네살이 되던 해에 명문학교로서 이름이 높았던 슐포르타에 입학했다. 독일의 위대한 철학자인 라이프니츠·피히테도 이 학교 출신이었다. 재학 중에 니체는 당시에는 아직 높이 평가받지 못하고 있었던 시인 횔덜린을 애송했다. 횔덜린이 나중에 독일의 대표적인 시인으로 인정받게 되는 것으로 미루어 볼 때, 시에 대한 니체의 감식력이 어느 정도였는지를 알 수 있다.

1864년 20세의 니체는 슐포르타를 졸업하고 본 대학에 입학했다. 그는 원래 문헌학과 신학을 공부했지만 한 학기 후에는 신학은 중단하고 문헌학에만 전념하였다. 1865년에 니체는 자신의 문헌학 스승인 리츨이 라이프치히로 초빙을 받음에 따라 라이프치히 대학으로 적을 옮겼다. 라이프치히 대학에서 수학하던 시절, 니체는 쇼펜하우어의 사상과 바그너의 음악을 접하고 깊이 매료된다. 니체는 당시 쇼펜하우어와 바그너를 접하기 이전에 고대 그리스의 고전에 대한 깊은 연구를 통해서 그리스 문화에 심취하고 있었다. 그는 당시의 병약하고 퇴폐적인 문화는 '비극적인 운명에서 도피하지 않고 그것과 의연하게 대결하는 고대 그리스의 숭고한 문화'를 회복하는 것을 통해서만 쇄신될 수 있다고 생각했다. 니체는 고대 그리스의 비극적인 영웅정신을 바그너의 음악이 구현하고 있다고 생각했으며, 바그너의 음악이 향락과 안일을 탐닉하던 당시 사회에 청신하고 기품 있는 생명력을 불러일으키리라고 믿었다.

니체는 라이프치히 대학에서 학업을 계속하던 중 1869년에 리츨 교수의 추천으로 스위스 바젤 대학의 교수가 되었다. 그 당시 니체가 25세였고 아직 박사학위도 취득하지 않은 상태였다는 사실에 입각해 볼 때, 리츨 교수가 니체를 얼마나 높이 평가했는지를 알 수 있다.

1870년에 독일과 프랑스 사이에 전쟁이 일어났을 때 니체는 간호병으로 지원하였으나 종군 중 이질과 디프테리아에 감염되어 4주 만에 바젤에 되돌아왔다. 니체는 이 해 겨울에 요양을 하면서 최초의 저서《비극의 탄생》을 썼다.《비극의 탄생》의 원제목은《음악 정신으로부터의 비극의 탄생》이며 이 경우 음악 정신으로 니체가 염두에 둔 것은 바그너의 음악이었다. 니체는 바그너와 마찬가지로 음악을 사람들이 단순히 듣고 즐기는 오락거리가 아니라 '인간과 세계의 변혁을 초래할 수 있는 힘'을 갖는 것으로 보았다. 니체는 바그너의 음악에서 그리스인들의 비극 정신, 즉 생의 고통과 무상함에도 불구하고 생을 흔쾌히 긍정하는 정신이 부활하고 있다고 생각했다.

니체는 1873년에서 1876년에 걸쳐《반시대적 고찰》을 써서 당시의 퇴락한 문화적 풍토를 신랄하게 비판했다. 그는 당시의 역사학이 역사에 대한 객관적인 연구라는 미명하에 온갖 자질구레한 역사적 사실들을 탐구하는 데 몰입함으로써, 사실상 생에서 도피하는 것을 넘어서 잡다한 역사적 지식으로 생을 질식시키고 있다고 비판했다. 아울러 그는 국가가 국민들을 국력의 신장을 위한 도구로 사용하는 한편, 사람들을 경제적 이익만을 탐하는 저열한 존재로 타락시키고 있다고 비판했다.

바그너에 열렬히 심취해 있었던 니체는 바그너의 음악이 갈수록 기독교적인 성향을 띠게 되면서 바그너와 결별하게 된다. 1876년 극심한 두통과 계속되는 눈병으로 대학 강의를 쉬게 된 후, 니체는 《인간적인, 너무나도 인간적인》을 썼다. 이 책을 계기로 니체의 사상은 초기의 낭만주의적인 경향을 넘어서 냉철하게 분석하고 해부하는 경향을 띠게 된다. 니체는 이 책과 1881년의 《서광》 그리고 1882년의 《즐거운 지식》에서 기독교와 기독교적인 도덕의 기원과 병폐를 생리학적으로 냉정하게 해부하며 그에 대한 대안으로서 운명애와 영원회귀 사상을 제시한다.

니체는 두통과 만성적인 불면증을 비롯한 병마에 끊임없이 시달렸기 때문에 1879년 5월 결국 교수직을 사퇴하게 된다. 이 후 그는 스위스나 이태리에서 요양하면서 사색과 저술에 몰두한다. 1883년에서 1885년에 걸쳐서 니체는 그의 대표작이라고 할 수 있는 《차라투스트라는 이렇게 말했다》를 저술한다. 여기서 니체는 영원회귀 사상과 초인 사상을 설파한다. 1886년의 《선악의 피안》과 다음 해에 쓰인 《도덕의 계보학》에서 니체는 이른바 절대적이고 불변적인 도덕은 존재하지 않으며 모든 도덕은 역사적인 상황에 따라서 변화하는 상대적인 것이라는 사실을 드러내고 있다. 아울러 그는 서구 문명에 나타난 도덕들을 크게 주인도덕과 노예도덕으로 분류하면서, 흔히 신의 계율이나 천부적인 양심에서 비롯된 것으로 주장되는 보편적인 도덕은 사실은 힘이 연약한 자들이 힘이 강한 자들을 순화하고 제어하기 위해서 만들어낸 노예도덕으로서 해석하고 있다.

1888년에 쓰인 《바그너의 경우》와 《니체 대 바그너》에서 니체는 바그너를 당시의 퇴폐적인 유럽문화의 상징이라고 비판한다. 1889년에 쓰인 《우상의 황혼》에서 니체는 기존의 우상들, 즉 소크라테스, 기독교, 칸트 그리고 과거의 수많은 작가들과 당시의 작가들을 공격하고 있다. 1895년의 《안티크리스트》에서 니체는 예수의 진정한 복음과 바울에 의해서 제도화된 기독교를 구별하면서 제도화된 기독교에 대해서 통렬한 비판을 가하고 있다. 동일한 해에 쓰인 《이 사람을 보라》는 일종의 자선전이라고 할 수 있으며, 이 책에서 니체는 자신과 자신의 생 그리고 자신의 저작들을 회고하고 있다.

1889년 니체는 미친 상태로 길거리에 쓰러진 후 더 이상 정상을 회복하지 못하게 된다. 저술가로서의 그의 인생은 44세의 나이로 끝난 것이다. 그는 어머니와 누이동생의 간호를 받으면서 10여 년을 보냈고 20세기가 시작되던 해인 1900년의 여름날에 조용히 숨을 거두었다. 니체가 죽은 후 니체의 누이동생이 그의 문헌을 관리했고 그녀는 니체의 유고들 중 일부를 편찬하여 《힘에의 의지》라는 제목으로 출간했다. 반유태주의와 나치의 이념에 동조했던 그녀는 이 책에서 나치 이념에 부합되도록 잠언들의 일부를 위조했다. 이에 대한 교정은 조르지오 콜리와 마치노 몬티나리가 편집한 15권짜리 비판적 연구전집(흔히 KSA로 약칭된다)에서 수행되었다.

# 01. 그대 자신이 되어라!

## 그대 자신이 되어라!

그대는 그대 자신이 되어야 한다.(Du sollst der werden, der du bist)

《즐거운 지식》

동산과 부동산—만일 삶이 어느 순간 강도로 돌변해서 명예, 기쁨, 애인, 건강 등 온갖 소유물을 약탈해 버렸을 때, 사람들은 아마도 처음의 그 경악이 가라앉고 나면 자신이 전보다 오히려 '더욱 풍요로워졌다'는 사실을 알게 되리라. 왜냐하면 강도의 손길이 미치지 않는 진정한 자기 소유물이 무엇인지를 비로소 똑똑히 알게 되기 때문이다. 그리하여 아마도 사람들은 그 약탈과 혼란의 와중에서 대(大)지주의 품위를 지니고 빠져나오게 될지도 모른다.

《인간적인, 너무나 인간적인》

서정시인의 형상은 바로 자기 자신이다. 즉, 자신을 여러 가지 모습으로 객관화한 것에 불과하다. … 다만 여기서 말하는 '나', 즉 자아는 잠시 깨어있을 때의 경험적인 실재의 자아와는 다르다. 이것은 진실로 존재하는 유일한 자아이며, 이 자아의 모상을 통하여 서정적인 천재는 사물의 근저까지도 통찰하는 것이다.

《비극의 탄생》

보다 높은 자기와의 교제 : 모든 사람은 어떤 훌륭한 순간 자신의 보다 높은 자기를 발견하게 된다. 다른 인간들에 대해서 우리가 진정한 애정을 가지고 평가할 경우에, 우리는 그들을 오직 이러한 상태에 따라서 평가하며, 부자유와 노예상태 속에 있는 일상적인 나날에 따라서 평가하지 않는다. 예를 들어 우리는 하나의 화가를 그가 볼 수 있고 묘사할 수 있었던 최고의 비전에 따라서 평가하고 존경해야만 한다. 그러나 사람들은 자신의 이러한 보다 높은 자기와 매우 다양한 방식으로 관계한다. 그리고 사람들이 그러한 훌륭한 순간의 자신의 상태를 나중에 항상 거듭해서 모방하는 한 사람들은 자기 자신을 표현하고자 하는 연극배우들이다. 사람들은 자신의 이상을 구현하지 못하고 있다는 사실을 부끄러워하면서 굴욕감을 느끼고 따라서 그러한 이상을 부인하고 싶어 한다. 그들은 자신의 보다 높은 자기가 말할 때 그들에게 많은 것을 요구하기 때문에 그것을 두려워한다. 더 나아가 보다 높은 자기는 자신이 원하는 대로 오기도 하고 지속적으로 머무를 수 있는 유령 같은 자유를 갖는다. 따라서 그것은 자주 신들의 선물이라고 불린다. 그러나 그것은 본래 신들(우연)의 선물이 아니라 인간 그 자신이다.

《인간적인 너무나 인간적인》

◆ 우리는 보통 자신의 재산과 명예, 애인과 가족, 건강이 자신의 전부라고 생각한다. 따라서 재산이나 명예 혹은 애인이나 가족을 잃을 때 우리는 자신의 삶도 다 끝났다고 생각한다. 그러나 진정한 자기(Selbst)란 우리가 발견해야 하고 지향해야만 하는 본래적인 자기이다. 시인이 표현하는 자기는 이러한 본래적인 자기이

다. 시인을 포함한 예술가에게는 실제의 자기보다 예술작품 안에 구현된 자기가 보다 본래적인 자기인 것이다.

예술가의 삶뿐 아니라 인간의 삶이란 사실은 이러한 본래적인 자기를 발견하고 구현하기 위한 몸부림이라고 할 수 있다. 인간은 현재의 연약하고 추한 자신을 각고의 노력을 통해서 진정한 자기를 형성하도록 노력해야만 한다.

다른 인간을 진정으로 돕는 행위란 그 인간에게 물질을 보태주는 것이 아니라, 그 사람이 자신의 진정한 자기를 발견하고 형성하도록 돕는 것이다. 아울러 하나의 인간을 애정을 가지고 평가한다는 것은 그 사람이 갖는 그의 진정한 가능성에 비추어서 평가한다는 것을 의미한다.

## 자기발견에의 길

그러나 어떻게 해야 우리는 자기 자신을 만날 수 있을까. 어떻게 하면 자기 자신을 알 수 있을까.

인간은 덮여서 감춰진 하나의 어두운 존재이다. 그리고 토끼에게 일곱 겹의 가죽이 있다면, 인간은 7의 70곱의 가죽을 벗기더라도 '이것이야말로 진짜 너다. 이것은 이젠 가죽은 아니다'라고 말하지는 못할 것이다. 여기에 다음과 같은 방법이 있다. 그것은 젊은 영혼이 '지금까지 네가 정말 사랑해 온 것은 무엇이었는가, 너의 영혼을 점령하고 동시에 그것을 행복하게 해 준 것은 무엇이었는가' 하고 물으면서 과거를 되돌아보는 일이다.

존경을 바쳤던 대상을 당신 앞에 늘어놓아 보는 것이다. 그러면 아마 그런 것들은 그 본질과 그 연계에 의해서 하나의 법칙을, 당신의 본래적 자기의 원칙을 제시해 줄 것이다. …

왜냐하면 당신의 진정한 본질은 내면 깊이 당신 속에 감추어져 있는 것이 아니라, 당신을 초월한 아득히 높은 곳에 혹은 적어도 보통 당신이 당신의 '자아'로 보고 있는 것 위에 있기 때문이다.

《반시대적 고찰》

◆ 니체는 우리가 우리의 일상적인 자아를 극복하고 본래적인 자기 자신에게로 나아갈 수 있는 하나의 방법을 말하고 있다. 본래적인 자기에로 나아가기 위해서는 본래적인 자기가 무엇인지를 알지 않으면 안 된다. 그러나 본래적인 자기를 어떻게 발견할 것인가? 본래적인 자기를 발견하는 것의 어려움을 니체는 본래적인 자기가 7의 70곱의 가죽에 의해서 싸여 있다는 말로 표현하고 있다.

니체는 우리가 자신의 본래적인 자기를 발견하는 방법으로서 우리가 평소에 존경하는 대상이 갖는 성격들을 고려해 볼 것을 권하고 있다. 자신이 존경하는 영웅이야말로 자신의 본래적인 자기가 무엇인지를 간접적으로 보여주고 있다는 것이다.

## 인간은 초극되어져야만 하는 그 무엇이다.

나는 그대들에게 초인을 가르친다. 인간은 초극되어져야만 하는 그 무엇이다. 그대들은 인간을 극복하기 위하여 무엇을 했는가?

지금까지 모든 존재자는 자기 자신을 능가하는 무엇인가를 창조해 왔다. 그대들은 이 위대한 조수(潮水)의 썰물이 되길 원하며 인간을 초극하기보다 오히려 동물로 되돌아가고자 하는가?

인간에게 원숭이란 어떤 존재인가? 하나의 웃음거리 혹은 하나의 참기 어려운 수치가 아닌가? 그리고 초인에게는 인간 또한 그러한 존재이다. 하나의 웃음거리 혹은 참기 어려운 수치인 것이다.

그대들은 벌레에서 시작하여 인간이 되는 길을 걸어왔으나, 아직도 그대들은 많은 점에서 벌레다. 그대들은 예전에는 원숭이였고 지금도 인간은 어떤 원숭이보다 더한 원숭이다.

《차라투스트라는 이렇게 말했다》

다윈적인 생물학의 의미에서 '유용한 것'—즉 다른 것들과의 싸움에서 유리한 것으로서 드러난 것. 그러나 내게는 싸움에서의 유리함보다는 자신이 보다 고양되었고 보다 강하게 되었다는 느낌이 본래의 진보로 보인다.

《힘에의 의지》

◆ 니체는 여기서 인간의 자기초극에 대해서 말하고 있다. 니체가 말하는 초인이란 현재의 인간을 초극한 인간이다. 우리는 여기서 니체가 다윈의 진화론을 수용하고 있음을 본다. 인간은 벌레에서 시작하여 원숭이를 거쳐서 인간으로 진화했다는 것이다. 그러나 니체의 진화론과 다윈의 진화론에는 커다란 차이가 있다. 니체에게 진화란 환경에 더 잘 적응하는 과정을 의미하는 것이 아니라 보다 높은 존재로 자신을 고양시키는 것을 의미한다.

삶도 다윈과는 달리 니체에게는 한갓 '생존과 자기보존을 위한 투쟁'이 아니라 자기고양의 운동이다. 자기보존은 자신의 초극과 성장을 위한 조건에 지나지 않는다.

## 인생은 자기초극의 과정이다.

인생 자체는 기둥과 층계로 자기 자신을 쌓아 올리려고 한다. 훨씬 멀리에 눈길을 던져, 이 세상에 없을 것 같은 아름다움을 보려고 하는 것이다. —그래서 인생에는 높이가 필요하다.

높이가 필요하니 층계가 있어야 하며, 층계와 층계를 올라가는 사람들의 투쟁이 필요한 것이다! 인생은 상승하려고 한다. 상승하면서 자기 자신을 극복하려고 하는 것이다.

《차라투스트라는 이렇게 말했다》

진실로 나는 백 개의 영혼을 거쳐서 나의 길을 가며, 백 개의 요람과 진통을 겪고서 나의 길을 간다. 나는 수많은 작별을 하였다. 나는 가슴 아픈 최후의 시간을 알고 있다.

그러나 창조하는 나의 의지는 그것이 나의 운명임을 바란다.

《차라투스트라는 이렇게 말했다》

◆ 우리는 여기서 헤르만 헤세의 시 하나를 상기하게 된다. 헤세 자신이 니체의 영향을 지대하게 받았음을 인정하고 있다. 헤세의 소설 《데미안》의 주인공인 싱클레어 역시 자신에게 가장 많은 영감을 주는 시인과 사상가로서 횔덜린과 니체를 들고 있다.

단계

모든 꽃이 시들듯이
청춘이 나이에 굴하듯이
일생의 모든 시기와 지혜와 덕망도
그때그때에 꽃이 피는 것이며
영원히 계속될 수는 없다.
생의 외침을 들을 때마다 마음은
용감히 서러워하지 않고
새로이 다른 속박으로 들어가듯이
이별과 재출발의 각오를 해야 한다.
대개 무슨 일이나 처음에는 이상한 힘이 깃들어 있다.

그것이 우리를 지키며 사는 데 도움이 되는 것이다.
우리는 공간을 명랑하게 하나씩 거닐어야 한다.
어디서나 고향에 대해서와 같은 집착을 느껴서는 안 된다.
우리의 정신은 우리를 구속하려 하지 않고,
우리를 한 단계 씩 높여주며 넓혀주려고 한다.
우리 생활권에 뿌리를 박고
정답게 들어 살면 탄력을 잃기가 쉽다.
여행을 떠날 각오가 되어 있는 사람만이
습관의 마비작용에서 벗어나리라.

죽을 때 아마 다시 우리를 새로운 공간으로 돌려보내서
젊게 꽃피워 줄는지도 모른다.
우리를 부르는 생의 외침은 결코 그치는 일이 없으리라…
그러면 좋아, 마음이여, 작별을 고하고
편히 있으라.

헤세는 우리를 부르는 생의 외침에 대해서 말하고 있다. 니체가 말하는 힘에의 의지는 그렇게 우리를 끊임없이 자기고양에의 길로 밀어대는 생의 외침이다. 힘에의 의지가 명하는 대로 우리는 항상 자신이 그때그때 도달한 단계를 미련 없이 명랑하게 뛰어넘어야 한다.

자기극복의 과정은 끝이 없다.

아무리 훌륭한 것이라도 역시 구토를 일으킬 것 같은 것이 아직 달라붙어 있다. 최상의 인간일지라도 아직 극복되어야 할 존재인 것이다!

《차라투스트라는 이렇게 말했다》

오직 스스로 변해 가는 자만이 내 피를 잇는다.

《선악의 피안》

◆ 인간의 자기극복은 끝이 없다. 인간이 어느 단계에 머무른다는 것은 이미 하강한다는 것이다. 하강하지 않기 위해서는 끊임없이 자신을 초극해야만 한다.

오직 자신만이 자신을 구원할 수 있다.

다른 사람이 아닌 당신이 삶의 물줄기를 건너가는 다리는, 당신 한 사람을 제외하고서는 아무도 걸을 수 없다. 세상에는 당신을 업고 강을 건너게 해주려는 무수한 오솔길과 다리가 있다. 그러나 그것은 당신 자신을 희생시킬 것이 뻔하다. 당신은 인질로 잡혀서 자기 자신을 잃게 될 것이다. 세상에는 당신을 제외하고 다른 누구도 갈 수 없는 단 하나의 길이 있다.

《반시대적 고찰》

제자들이여, 지금부터 나는 홀로 가려고 한다! 그대들 역시 혼자 가라!

이것이 나의 소망이다. …

언제까지나 제자로 머물러 있기만 하는 것은 스승에게 잘 보답하는 것이 아니다. 그대들은 내가 피운 꽃을 왜 쥐어뜯어 내려 하지 않는가. …

지금 나는 그대들에게 명령한다. 나를 버리고 자기 자신을 발견하라고. 그리고 그대들 전부가 나를 부정해 버리면, 그때 비로소 나는 그대들에게로 돌아가리라.

《차라투스트라는 이렇게 말했다》

◆ 자기극복이란 독립적이고 자율적인 존재가 되는 것을 의미한다. 그것은 자신을 의존적이고 나약한 존재로 만드는 모든 종류의 신앙이나 스승도 버리고 홀로 서는 것을 의미한다. 이런 의미에서 차라투스트라는 자신에 대한 맹목적인 숭배도 버릴 것을 요구한다. 그 경우에만 우리는 그의 정신에 오히려 충실할 수 있다는 것이다.

## 디오니소스신과 힘에의 의지

모든 동물—그러므로 철학적인 동물도 포함하여—은 온 힘을 다하여 최고의 힘의 감정을 달성할 수 있는 최적의 유리한 상태를 추구하기 위해서 본능적으로 노력한다. 모든 동물은 본능을 통해서나 모든 이성을 초월하는 미묘한 분별력을 통해서, 최적상태에 이르는 통로를 막거나 막을 수 있는 모든 종류의 방해자나 장애물을 혐오한다.

《도덕의 계보》

저 위대한 은둔자들 속에 내재된 감성의 신, 유혹자인 신, 타고난 양심의 유혹자, 그의 소리는 모든 영혼의 맨 밑바닥까지 내려가는 법을 알고 있다. …

그는 조악한 영혼을 순화시키고 그러한 영혼의 소유자들로 하여금 새로운 갈망을 맛보게 한다. … 이 감성의 신과 접한 모든 사람은 보다 풍요롭게 되어 그의 곁을 떠나게 되는데, 은총을 받거나 놀라운 충격을 받아서, 혹은 이국적인 물건에 의해 경외감을 갖게 되고 압도당해서 그렇게 된 것은 아니다. 그보다는 오히려 스스로 풍요로워지고, 자신에 대해서 전보다 더 새로워지고, 깨어져 열리고, 봄바람에 의해서 부풀리고 고무되고, 아마도 보다더 불확실해지고 더 유연해지고 더 연약해지고 더 기가 죽게 되지만, 그러나 아직 구체적으로 무어라 말할 수 없는 희망과 새로운 의지와 충일감으로 가득 차고, 새로운 불만과 저류로 가득 차고—그런데 내가 무슨 말을 하고 있는 중인가, 나의 친구들이여.

… 그는 다름 아닌 디오니소스 신이다.

《선악의 피안》

◆ 니체는 모든 존재자들에게는 자신을 강화하고 고양하려는 의지가 존재한다고 보며 그러한 의지를 '힘에의 의지'라고 부르고 있다. 인간존재는 힘에의 의지의 탁월한 형태이지만 '힘에의 의지'의 한 형태일 뿐이다.

이러한 힘에의 의지를 니체는 일종의 신적인 것이라고 보고 있으며 그것을 디오니소스라고 부르고 있다. 그러나 그것은 전통 형이상학이나 기독교의 신처럼 피안에 존재하는 것이 아니다. 그것은 우리 내부에서 우리가 보다 더 고귀하고 풍요로운 영혼을 갖도록 몰아대는 근원적인 힘이다.

## 감각과 정신은 몸, 즉 힘에의 의지의 도구이다.

감각과 정신은 도구이며 장난감이다. 그것들 뒤에는 여전히 자기(das Selbst)가 있다. 자기는 감각의 눈으로 찾고 정신의 귀로도 듣는다. 자기는 항상 들으며 찾는다. 그것은 비교하고 강요하며 정복하고 파괴한다. 그것은 지배하며 또한 자아의 지배자이다. 그대의 사상과 감정 뒤에, 나의 형제여, 강한 명령자, 알려지지 않은 현자가 있다. 그것이 자기라고 일컬어진다. 그것은 그대의 몸 속에 살고, 그것은 그대의 몸이다.

《차라투스트라는 이렇게 말했다》

나의 형제여, 그대가 '정신'이라고 부르는 그대의 작은 이성도

몸의 도구, 즉 그대의 커다란 이성의 작은 도구이며 그것의 장난감에 불과하다.

《차라투스트라는 이렇게 말했다》

◆ 니체는 데카르트와 칸트 이래의 근대철학과는 달리, 자아의 중심을 이성과 의식이 아니라 그것들의 근저에 있는 '힘에의 의지'라는 삶의 충동에서 찾고 있다. 니체는 이러한 힘에의 의지를 몸이라고도 부르고 있다. 이 경우 몸은 정신에 대립된 부분으로서의 육체를 말하는 것이 아니라, 정신과 육체의 근저에 존재하면서 그것들의 상태를 규정하는 전체로서의 인간 실존을 말한다. 니체는 이러한 전체로서의 인간 실존을 자기(Selbst)라고도 말하고 있다.

플라톤 이래 서구의 형이상학에서는 정신과 이성이 우리를 지배하는 주인으로 간주되어 온 반면에, 니체는 육체와 정신은 이러한 전체로서의 자기가 자신의 성장을 위해서 이용하는 도구들에 불과하다고 보고 있다. 니체는 이 자기가 감각의 눈으로 찾고 정신의 귀로 듣는다고 말하고 있는 것이다. 이런 맥락에서 니체는 힘에의 의지로서의 몸을 커다란 이성에 비유하면서, 전통적으로 이성 내지 정신으로 이해되어 왔던 것을 작은 이성이라고 말하고 있다.

'힘에의 의지'로서의 몸이 우리가 의식하지 못하는 가운데 자신의 성장을 위해서 의식과 정신을 몰아대고 이것에게 여러 가지 길을 마련해 준다는 점에서 니체는 그것을 알려지지 않은 현자라고 부르고 있다.

## 우리 내부에는 현명한 자기가 숨어 있다.

사람은 어떻게 해서 본래의 자기가 되는가—사람이 본래의 자기가 된다는 것은 자기가 본래 무엇인지를 전혀 알지 못한다는 것을 전제한다. 이러한 관점에서 보면 인생의 다양한 실책조차 고유한 의미와 가치를 갖는다. 즉 한때의 외도와 우회, 주저, 겸손, 눈앞의 일에서 벗어난 여러 가지 일에 정력을 낭비하는 것 등의 실책에는 일종의 커다란 영리함과 그보다 더한 최상의 지혜가 존재하는 것이다.

아무튼 의식의 모든 표면—의식은 하나의 표면이다—을 어떤 하나의 큰 명령에 물들지 않게끔 깨끗하게 해 두어야 한다. 거창한 모든 말과 거창한 몸짓에 대해서 조심해야 한다! 본능이 너무 빨리 '자각'하는 것은 그야말로 위험하다. 시간이 지나면, 조직력을 갖추고, 주관을 장악할 사명을 띤 '이념'이 밑바닥으로부터 서서히 성장해 온다—그것은 명령하기 시작한다. 천천히 옆길과 우회로에서 되돌아오게 한다. 이윽고 전체의 수단으로서 없어서는 안 되는 개개의 성질과 능력을 준비한다—주요한 임무, '목표', '목적', '의미'에 관해 무슨 일인가를 누설하기 전에, 그것은 먼저 종속적인 능력을 차례차례 만들어 가는 것이다.

이런 면에서 보면 내 생애는 그저 놀라울 뿐이다. 가치의 전환이라는 임무에는, 과거의 어느 한 개인 속에 깃들어 있던 것보다도 더 많은 능력이 필요했다. 특히 이런 능력이 서로 방해하거나 파괴하거나 하지 않고, 서로 대립해 있는 것이 필요했다. 여러 가지 능력의 위계(位階), 거리, 적대시키지 않고 떼어놓는 기술, 그것들을 혼동하거나 서로 '타협'시키지 않는 것, 거대한 다원(多元), 더구나 혼돈의 정반대인 것 같은 다원—이것이 나의 본능의 예비 조건이었다. 나의 본능의 오랜 은밀한 노작(勞作)과 기술이었다.

《즐거운 지식》

◆ 니체는 우리 내부의 현명한 자아에 대해서 말하고 있다. 우리는 이 자아에 대해서 보통은 의식하지 못한다. 그러나 이 자아는 우리가 보다 성숙하고 우리의 본래의 자기에 이르도록 많은 경험을 겪게 한다. 이러한 많은 경험들은 근시안적인 의식의 눈으로 볼 때는 쓸모없는 실책이고 서투름이고 시간의 낭비인 것처럼 보일지도 모른다. 그러나 거시적인 안목을 갖는 우리의 숨겨진 자아의 눈에 그러한 실책들이 사실은 우리의 성장과 위대한 소명을 위해서는 불가결한 것이다.

이러한 현명한 자아가 제대로 작동하기 위해서 니체는 우리가 어떤 하나의 이념을 너무 빨리 선택하고 그것이 의식을 지배하지 않도록 하는 것이 필요하다고 말하고 있다. 우리는 어떤 하나의 명령에 너무 쉽게 물들지 않도록 우리의 의식을 깨끗하게 해 두어야 한다는 것이다. 우리가 진정으로 신봉할 이념과 소명은 무수한 우회로와 경험을 거쳐서 서서히 내면 깊숙한 데에서부터 성장해 온다. 그러한 이념과 소명만이 깊이와 무게를 갖는다.

니체의 위대한 소명은 가치의 전환이었다. 전통 형이상학과 기독교라는 전통적인 가치를 폐기하고 새로운 가치를 정립하는 것이 니체의 소명이었다. 그러한 소명은 역사의 흐름을 전환시키는 위대한 소명이다. 이러한 소명과 그러한 소명을 이루기 위한 사상은 하루아침에 생겨난 것이 아니다. 그것은 니체가 겪은 기나긴 고통과 불안, 많은 경험과 통찰들, 그리고 그러한 것들을 통해서 양성되어 나온 많은 능력들이 하나의 풍요로운 질서를 형성하면서 싹터 나온 것이다. 그러한 과정은 결코 의식이 통제할 수 있는 것이 아니다. 우리의 표면적인 의식 밑에는 그것보다 훨씬 영리한 지혜가 숨어 있는 것이다.

## 자기지배와 힘에의 의지

가장 필요한 연마—작은 일에서부터 자제할 수 없다면 큰일에 부딪혔을 때 자제할 수 있는 능력도 상실된다. 아무리 하찮은 일이라도 적어도 한 번 이상 극복하지 않은 하루는 실패한 날이라고 할 수 있으며 다음 날은 위험한 날이다. 만일 자신이 지배자라는 기쁨을 지속적으로 누리려고 한다면 이와 같은 연마는 없어서는 안 되는 것이다.

《인간적인 너무나 인간적인》

가장 고독하고 가장 은폐되고 가장 초연한 인간, 선악을 넘어서 있는 인간, 자신의 덕성을 지배할 수 있는 인간, 의지로 넘치는 인간, 이러한 인간을 가장 위대한 인간이라고 할 수 있다. 전체적이면서 다양하고 풍부하면서 폭넓게 될 수 있는 능력, 바로 이것이야말로 위대함이라 부를 수 있을 것이다.

《선악의 피안》

네로와 칼리큘라가 왕좌에 앉아 있었을 때 최하의 인간이 정상에 있는 인간보다 가치있다는 역설이 생겨나게 되었다.

《안티크리스트》

오직 타락한 자들만이 파괴, 거세, '그리고 여타의 그와 같은 폭력적 수단들'을 불가피한 것으로 '간주한다'. 왜냐하면 그들은 절도를 지키기에는 너무나도 의지가 박약하기 때문이다.

《우상의 황혼》

◆ 니체가 말하는 힘에의 의지는 자신을 통제하고 자신의 주인이 되는 것을 의미한다. 그것은 끊임없이 자신을 고양하는 것, 즉 자신을 보다 높은 단계로 올리고 자신에게 보다 큰 폭과 풍요로움 그리고 통일성을 부여하는 것을 의미한다. '자기극복'이 힘에의 의지의 본질이다. 이러한 자기극복은 매일매일의 사소한 일에서부터 행해지지 않으면 안 된다. 그렇지 않고서 큰일에 직면하게 되면 자제력을 잃고 무너질 것이기 때문이다.

우리는 '힘에의 의지'라는 말에서, 자신의 주위에 있는 인간들이나 사물들을 자의적으로 지배하고 억압하려는 의지를 연상해서는 안 된다. 진정하게 힘에 가득 찬 인간이란 자신을 지배하고 절도를 지킬 수 있는 인간이다. 이러한 인간만이 다른 인간들을 진정하게 지배할 수 있다. 다른 인간들을 진정하게 지배한다는 것은 상대방을 감복시켜 자발적으로 복종하도록 하는 것이다.

네로와 칼리큘라와 같은 자들은 강한 인간인 것처럼 생각되지만 사실은 자신을 지배할 힘도 없는 연약한 자들에 지나지 않는다. 타인에 대한 진정한 지배는 이렇게 항상 자신에 대한 지배를 전제하기에 타인에게 명령하는 것은 복종하는 것보다 힘든 것이다.

## 자유란 무엇인가

그렇다면 자유란 무엇인가? 그것은 책임지려는 의지를 가지고 있다는 것, 서로를 떼어놓는 거리를 지킨다는 것, 고난, 노역, 궁핍, 더 나아가 생존에 대해서도 무관심하게 되었다는 것, 자신의 문제를 위해서 자기를 포함한 다른 사람들을 언제라도 희생시킬 수 있다는 것, 싸움과 승리에서 기쁨을 느끼는 남성적 본능이 다른 본능을 지배하게 되었다는 것을 뜻한다. 예를 들면 행복을 추구하는 본능을 지배하게 되었다는 것을 뜻한다.

《우상의 황혼》

가장 본질적인 것은 단 하나의 방향을 향해 오랜 기간에 걸쳐서 복종하는 것인 것 같다. 이러한 복종을 통하여 미덕이나, 예술, 춤, 이성 및 정신성과 같이 이 세상에서의 삶에 살만한 가치를 부여하는 모든 것들이 발전하고 또 발전해 왔다.

《선악의 피안》

◆ 니체에게 자유란 자기 멋대로 하는 자의(恣意)가 아니다. 우리는 흔히 자유를 자의 내지 방종과 동일시하지만 그러한 자유는 사실 우리가 본능의 노예가 되는 것을 의미한다. 내가 하고 싶은 대로 한다는 것은 사실 나의 본능적 욕구가 시키는 대로 한다는 것을 의미한다. 니체에게 자유란 자신의 모든 저열한 본능과 욕구를 통제할 줄 아는 능력을 의미한다. 그것은 자신이 설정한 위대한 과제와 이념에 자신의 본능과 욕구의 에너지를 집중시킬 수 있는 능력이다. 인간이 최대의 힘을 갖기 위해서는 기꺼이 하나의 방향이나 규칙에 자신을 구속하고 복종할 수 있어야 한다.

## 진정하게 힘에의 의지에 충만한 자의 모습

독일인은 위대성이 가혹과 잔인함을 통해서만 나타난다고 생각한다. 그런 경우에 그들은 경탄해 마지않으면서 기꺼이 복종하는 것이다. 온화와 평정 속에 위대함이 있다는 것을 그들은 쉽게 믿지 못한다. 그들은 괴테에게서 위대함을 찾아내지 못하고 베토벤이 훨씬 더 위대한 존재라고 생각한다. 그것은 어처구니없는 착각이다!

《아침놀》

◆ 진정으로 자신을 극복한 자는 온화와 평정을 본질로 갖는다. 그는 내면의 거친 파도를 다 제압한 후의 평온한 바다와 같은 자이다. 이에 대해서 아직 자신을 극복하지 못한 자들, 다시 말해서 자신과 투쟁하고 있는 자들만이 가혹하고 잔인한 것이다. 우리는 흔히 이러한 자들을 강하다고 생각하지만 이들은 사실 자신과 아직 가혹하게 싸우고 있으며 아직 자신을 극복하지 못한 자들이다. 이들이 타인들에게 가혹하고 잔인할 경우 이는 자신에 대한 가혹함과 잔인함이 표출된 것일 뿐이다.

# 02. 천개의 눈으로 사물을 보라!

## 광신으로부터의 자유

과제—사물을 있는 그대로 본다는 것. 그 방법—수백 개의 눈으로 그것을 볼 수 있다는 것, 다양한 인품으로 본다는 것.

《즐거운 지식》

여러 가지 신념을 가져본 적이 없는 자나 최초의 신념에 집착하는 자는 절대로 자신의 신념을 바꿀 수 없다는 바로 그 점 때문에 낙오된 문화를 대표한다. 이런 사람은 경직된 벽창호이며, 가르치기 어렵고 유연성이 없는 영원한 비방자이며 자기 의견을 관철하기 위해서 온갖 수단에 호소하는 무법자이다. 그것은 다른 의견도 존재할 수 있다는 것을 전혀 깨닫지 못하기 때문이다.

《인간적인 너무나 인간적인》

하나의 정신이 얼마만큼 진리에 견디는가, 얼마만큼 진리에 감히 부딪히는가? 나로서는 이것이 그 정신의 품격을 평가할 수 있는 기준이다. 오류는 맹목 탓이 아니라 두려움 탓에 생긴다.

《이 사람을 보라》

위대한 인간은 필연적으로 모든 일에 회의를 품는 사람이다. 모든 종류의 확신에 사로잡히지 않는 자유로움이 그의 의지의 강함에 포함되어 있다.

신념을 갖기를 바라는 일, 긍정에 있어서건 부정에 있어서건 어떻든 무언가 무조건적인 것을 바라는 일은 약한 마음의 증명이다. 그런데 모든 약한 마음은 의지의 약함인 것이다. 신념에 가득 찬 사람은 필연적으로 나약한 인간인 것이다. 따라서 '정신의 자유', 다시 말해서 본능으로서의 불신은 바로 위대함의 전제이다.

《힘에의 의지》

헨델, 라이프니츠, 괴테, 비스마르크—이들은 독일식으로 강하다는 것이 어떤 것인지 그 특징을 잘 나타내고 있다. 그들은 여러 가지 대립 사이에서 의연하게 살아가면서, 그 유연한 강함에 넘쳐서 신념과 주의에 사로잡히지 않고 그것들을 서로 대조시켜 이용하면서도 자기 자신의 자유를 유지하고 있다.

《힘에의 의지》

◆ 신념의 노예가 아니라 신념의 주인이 될 것을 니체는 요구하고 있다. 많은 사람들이 불안하고 열정적인 시절인 청년기에 습득한 정치적 이데올로기나 종교와 같은 신념을 죽을 때까지 신봉하면서 자신들이야말로 지조 있는 인간들이라고 자부한다. 이들은 지조가 강한 것이 아니라 신념의 노예일 뿐이며 자기뿐 아니라 모든 사람을 그러한 신념의 노예로 만들려고 한다. 그리고 그러한 노예가 되기를 거부하는 자들을 그들은 이단이라거나 반동 혹은 불순분자라는 이유로 일말의 가책도 없이 처단한다.

인간의 신념은 인간이 자신의 성장을 위해서 그때그때마다 구상해 낸 세계관일 뿐이다. 따라서 뱀이 성장을 위해서 허물을 벗듯이, 인간도 자신의 성장을 위해서 필요하다면 그동안 고수해 왔던 세계관을 과감하게 버릴 줄 알아야 한다. 청년기에서부터 죽을 때까지 하나의 신념을 변함없이 고수하는 인간이란 사실은 성장이 정지된 인간인 것이다.

그는 성장을 두려워하는 자이며, 신념에 의한 구속에서 벗어나 자립적인 인간이 되는 것에 대한 두려움 때문에 그 신념의 노예가 되기를 택한 자이다. 그는 낯선 세계를 두려워하면서 어머니 품 속에서 벗어나려고 하지 않는 어린애처럼 자신의 세계관에서 벗어나 열린 시각으로 세계를 보려고 하지 않는다. 그들은 의지가 박약한 벽창호들에 불과한 것이다.

따라서 니체는 오류란 궁극적으로는 맹목과 무지에서 비롯되는 것이 아니라 홀로 서는 것에 대한 두려움에서 비롯된다고 말하고 있다. 하나의 신념을 고집하는 인간들은 강해 보이지만 사실은 다양성과 변화로 가득 찬 세계에 대해서 열린 자세로 유연하게 대응할 수 있는 독자적인 힘을 결여하고 있는 자들이다. 그들은 강한 것이 아니라 경직되어 있을 뿐이며 다양성과 변화로 가득 찬 세계에 부딪혀 곧 부러질 연약한 자들이다.

니체가 말하는 자유정신이란 어떤 하나의 신념에 대한 광신에서 벗어나서 다양한 신념들을 그때그때마다의 상황에 따라서 이용할 수 있는 유연하고 열린 정신을 말한다. 이러한 정신은 겉으로는 약하고 지조가 없어 보이지만, 세계의 끊임없는 변화와 다양성을 자신의 힘의 강화와 성장을 위해서 이용할 줄 아는 자이다. 노자가 말하듯이 유연한 것이 오히려 강한 것이다.

## 절대적 진리란 없다

역사를 그토록 포악하게 만든 것은 의견 다툼이 아니라 의견에 대한 신앙, 즉 신념의 다툼이다. 자기 신념을 그토록 위대하게 여긴 나머지 온갖 종류의 희생을 치르고 또 명예, 육체, 생명까지도 그 신념을 위해 아끼지 않았던 모든 사람들이, 만일 자신들이 어떤 정당성을 가지고 그토록 그 신념에 매달리는지, 자신들이 어떻게 해서 그 신념을 갖게 되었는지에 대한 분석에 제 힘의 절반이라도 바쳤더라면, 인류의 역사는 얼마나 평화로워질 수 있었을까? 얼마나 더 많은 인식이 주어졌을 것인가! 만약 그랬다면 그 모든 잔혹한 이단자 박해는 일어나지 않을 수도 있었다. 첫째는 심판관들이 무엇보다도 자기 자신을 심판했더라면 자신들이야말로 절대 진리를 옹호하는 자들이라는 자만에서 벗어났을 것이며, 둘째로 이단자 자신이 모든 종파와 '정교도'의 교리만큼이나 저급한 근거를 가진 자신의 교리에 대해서 조사를 했더라면 그것에 대해 더 이상 아무런 관심도 갖지 않게 되었을 것이기 때문이다.

《인간적인, 너무나 인간적인》

모든 것은 생성되어 온 것이다. 즉 절대적 진리가 없듯이 '영원한 사실'도 없다. 따라서 이제부터는 '역사적인 철학'이 필요하며 그와 더불어 겸양의 미덕이 요구된다.

《인간적인, 너무나 인간적인》

탈피하지 못하는 뱀은 멸망한다. 그 의견을 바꾸는 것을 저지당한 정신들도 마찬가지다. 그것은 정신이기를 포기한다.

《아침놀》

◆ 인류의 역사는 자신의 신념이 절대로 옳다는 광신과 그러한 광신에 입각한 마녀사냥의 역사이다. 마녀사냥은 중세시대에만 일어난 것은 아니다. 나치들이든 공산주의자들이든 자유주의자들이든 자신의 이념을 폭력으로 강요하고 자신들과 이념을 달리 하는 자들을 처형한 것은 현대판 마녀사냥이다. 우리가 우리의 이념이 모든 사람들이 무조건적으로 신봉해야 하는 절대적인 진리라고 생각할 때, 우리는 우리의 이념이 역사적인 특정한 상황에서 비롯된 것이며 특정한 상황이나 특정한 사람들에게밖에 타당성을 갖지 못한다는 사실을 무시하게 된다.

사람들이 자신의 이념과 가치체계가 자신이 처한 힘의 단계에서 보다 더 성장하기 위해서 구상해낸 전망에 불과하다는 것을 무시하면서 그것을 무조건적으로 타당한 진리로 간주할 때 마녀사냥이 일어나는 것이다.

니체는 전통 형이상학과 기독교를 무조건적으로 비판하는 것은 아니다. 그는 전통 형이상학과 기독교 자체가 허위라는 점에서가 아니라 인간들이 이제 기독교에 의지하지 않고서도 살 수 있을 정도로 성숙했음에도 불구하고 인간들을 여전히 구속하고 있다는 점에서 비판하는 것이다. 전통 형이상학과 기독교는 그것이 탄생한 역사적 상황에서는 나름대로 인간의 성장에 도움이 되었을 것이다. 그러나 그것은 이제 인간의 성장을 방해한다. 뱀이 성장하기 위해서는 그때마다 자신의 허물을 벗어야 한다. 허물은 일정 기간 동안에는 뱀을 보호해 주었지만 일정 시점부터는 뱀의 성장을 방해하는 것이 된다. 인간도 보다 더 성장하기 위해서는 그동안 자신의 성장을 도운 의견을 버릴 필요가 있는 것이다.

## 진리와 오류는 상대적이다.

당신이 지난날 진리로서, 혹은 진실인 듯한 것으로서 사랑하고 있었던 것이 지금의 당신에게는 오류로 생각된다. 당신은 그것을 부정함으로써 당신의 이성이 승리를 얻었다고 생각한다. 그러나 모름지기 그 오류는 당신이 아직 별개의 인간이었던 그 당시—당신은 언제든지 별개의 인간이다—당신에게는 현재의 당신의 모든 '진리'와 마찬가지로 필요했던 것이다.

그 오류는 이를테면 아직 당신에게 보는 것이 허용되지 않은 것들을 당신이 보지 못하도록 감추고 있었던 일종의 외피(外皮)였던 것이다. 이전의 그견해를 뒤엎어 버린 것은 당신의 이성이 아니라 당신의 새로운 삶인 것이다.

당신은 이제 그런 견해를 필요하지 않게 되었고 이제 그것은 저절로 무너져서 그 속의 부조리가 구더기처럼 바깥에 기어 나오는 것이다. …

우리는 부정한다. 또 부정하지 않을 수 없다. 그것은 우리 속에 무엇인가 살려 하고 있고 스스로를 긍정하려 하고 있기 때문인 것이다—아마 아직 우리가 알지 못하는 아직 본 적이 없는 무언가가.

《즐거운 지식》

◆ 보통 과거의 견해를 부정하고 새로운 견해를 택하게 될 때 우리는 사태에 대해서 보다 객관적으로 인식함으로써 보다 진리에 가까운 견해를 갖게 되었다고 생각한다. 니체는 이에 대해서 우리가 새로운 견해를 택하게 되는 것은 과거의 견해를 가지고 살기에는 이미 지나치게 성장해 버렸기 때문이라고 말하고 있다. 과거의 견해를 부정한 것은 우리의 객관적인 이성이 아니라 과거의 견해를 가지고 살 수 없을 정도로 성장해 버린 우리의 생명력이다. 니체는 의식과 이성의 근저에 존재하면서 자신의 성숙과 강화를 위해서 항상 새로운 세계 이해를 모색하는 심층적인 자기를 '힘에의 의지'라고 부르고 있다. 소위 객관적인 이성이란 이러한 심층적인 자기가 형성한 세계 이해를 체계화하고 정당화하는 역할을 할 뿐이다.

## 만인을 위한 책은 없다.

높은 수준의 인간에게는 즐거움이 되고 자양분이 되는 것도 이들과 전혀 성질을 달리 하는 저열한 인간에게는 독이 된다. … 정신과 건강상태에 따라서 상반되는 가치를 갖는 책들이 있다. 즉 그 책들은 저급한 정신과 빈약한 생명력을 가진 인간이 읽느냐 아니면 높은 정신과 힘찬 생명력을 가진 인간이 읽는냐에 따라서 가치가 달라진다. 전자의 경우에 이 책들은 위험한 것이 되고 파괴와 분열로 인도하는 것이 된다. 그러나 후자의 경우에 용감한 자에게 용기를 북돋아 주는 선도자의 외침이 된다. 만인을 위한 책은 항상 좋지 않은 냄새를 피운다.

《선악의 피안》

◆ 니체는 자신의 사상마저도 영원히 그리고 모든 사람들에게 진리라고 생각하지 않았다. 니체는 자신의 사상도 특정한 역사적 상황의 특정한 인간들만이 자신의 성장을 위해서 가지고 놀다가 그것이 그들의 성숙을 저해하면 미련 없이 버려야할 장난감으로 생각했다. 니체의 사상은 어떤 사람들에게는 약이 될 수 있지만 어떤 사람들에게는 독이 될 수가 있다. 나치들이 니체를 자신들의 사상으로 받아들였을 때 그들에게 니체의 사상은 독이 되었다. 니체의 사상뿐 아니라 유교든 기독교든 마르크스주의든 모든 사상은 어떤 사람들에게는 약이 될 수 있는 반면에 어떤 사람들에게는 독이 될 수가 있다. '동일한 물이라도 소가 먹으면 우유가 되지만 독사가 먹으면 독이 되는' 것과 마찬가지이다.

# 03. 그대의 운명을 사랑하라!

## 고통과 운명애

큰 고통이야말로 정신의 최후의 해방자이다. 이 고통만이 우리를 우리의 최후의 깊이에 도달하게 한다.

《즐거운 지식》

인간만이 고뇌한다. 그래서 그는 웃음을 발견하지 않을 수 없었던 것이다. 제일 불행하고 제일 우울한 동물이 당연하게도 제일 쾌활한 동물인 것이다.

《힘에의 의지》

얼마나 깊이 고뇌할 수 있는가 하는 것이 인간의 위계를 거의 좌우한다.

《선악의 피안》

나라고 하는 존재의 행복과 독자성은 내가 받은 운명 속에 존재한다. … 나는 상승과 하강의 증후에 대해서 그 어떤 사람보다 더 예민한 후각을 가지고 있다. … 나는 상승과 하강 둘 다를 알고 있고, 나 자신은 그 양자이다. … 나는 35세의 나이에 생명력의 최저점에 서 있다. 나는 목숨이 붙어살고는 있으나 세 발자국 앞도 볼 수가 없게 되었다. …《유랑자와 그의 그림자》(《인간적인 너무도 인간적인》 제2부 하권)는 이 기간 중에 저작된 책이다. 이는 의심할 것도 없이 나는 당시 그림자라고 하는 것에 정통하고 있었기 때문이다. 그 다음 해 제노아에서 보낸 첫겨울에 나는 혈액과 근력이 극도로 부족한 데서 비롯된 도취와 영감으로《아침놀》을 저술했다. 이 책이 반영하고 있는 정신의 완전한 명쾌함과 충일은 극도의 생리적 쇠약과 함께 양립할 수 있었을 뿐 아니라 극도의 고통과도 모순되지 않았다. 고통스러운 구토를 수반한 3일 간의 계속되는 두통에 시달리면서도 나는 우수한 변증가의 명석함을 갖고 있었으며 일상적인 일들을 비상한 냉철함으로 생각해 낼 수가 있었다.

《이 사람을 보라》

나는 다른 어느 시기보다도, 괴로웠던 시기에 깊이 의지하고 있는 것이 아닐까 하고 몇 번인가 자문해 왔다.

가장 깊은 나의 내면의 본성이 가르쳐 주는 바로는, 일체의 필연적인 것은 높은 것에서 본 경우 거시적인 의미에서는 유익한 것이다. 사람은 그것을 견딜 뿐 아니라 사랑해야 한다. '운명애(amor fati)', 이것이 나의 가장 깊은 내면의 본성이다.

그리고 나는 나의 병약함에 힘입은 바가 건강에 힘입은 것보다도 훨씬 많지 않은가. 보다 높은 건강, 그 때문에 죽지 않는 한 오히려 강해지는 것 같은 건강을 나는 이 병약함에 힘입고 있는 것이다!

큰 고통이야말로 정신의 최후의 해방자이다. 큰 고통, 이를 테면 타버리는 데 시간이 걸리는 생나무로 불태워지는 듯한, 오래 지속되고 완만한 고통이야말로 우리 철학자를 최후의 깊이에 도달하게 한다. 그것은 지난날에 우리도 인간다움의 원천으로 생각하고 있었던 모든 신뢰, 호인다움, 베일처럼 엷게 감추는 것, 온화한 것, 적당한 것 등을 마지못해 던져 버리게 한다. 나는 그런 고통이 인간을 '보다 좋아지게' 하는지는 모르겠다. 그러나 그것이 우리를 깊어지게 한다는 사실만은 알고 있다.

사람은 그런 고통의 위험과 오랜 자기 지배의 단련 속에서 딴 사람이 되어 나온다.

《니체 대 바그너》

◆ 니체는 편두통과 위장병으로 죽을 때까지 고생했다. 니체는 이러한 지병에 시달리는 와중에서도 많은 저작을 남겼다. 니체는 자신이 겪은 고통들이 오히려 자신의 성숙을 위해서 필수적인 것이었다고 생각한다. 그는 그것들마저도 자신의 삶에 유익한 것이었다고 철저하게 긍정한다. 인간의 삶이 깊이와 무게를 갖기 위해서는 고통과 위험이라는 연옥불을 통과하지 않으면 안 된다는 것이다. 고통에는 지혜가 있다는 것이다.

우리는 니체 자신의 삶 속에서 암담한 운명에 직면하면서도 이를 오히려 아름다운 것으로서 긍정하는 강인함을 볼 수 있다. 니체는 운명애를 단순히 설파하는 데 그치지 않고 자신의 삶 속에서 구현한 자이다.

## 위험과 힘에의 의지

가장 위험할 때—인생이란 전진하며 올라가는 한 아무리 힘들더라도 다리가 부러지는 일은 드물다. 그러나 인생을 안이하게 여기고 평탄한 길을 택하기 시작하면 그런 위험은 도처에 있게 된다.

《인간적인, 너무나 인간적인》

나는 '인간의' 의지의 힘을 그것이 얼마나 많은 저항과 고통과 괴로움을 견디느냐와 그것들을 얼마나 자신의 이익으로 바꿀 수 있느냐에 의해서 평가한다.

《힘에의 의지》

◆ 인간이 자기극복을 자신의 과제로서 적극적으로 인수할 때 그는 어떠한 곤경도 기꺼이 받아들인다. 그는 그러한 곤경이 오히려 자신이 강해질 수 있는 기회를 제공한다는 사실을 알기 때문이다. 그에게 곤경은 곤경이 아니라 기회일 뿐이다. 이에 대해서 자기를 극복하지 않으려는 자에게는 모든 것이 곤경이고 위험이며 삶은 고난으로 나타난다.

## 악과 고통은 불가결하다.

악—가장 생산적인 최선의 인간이나 민족이 살아가는 모습을 보며 이렇게 자문해 보라. 하늘 높이 자라려는 나무들이 과연 비바람이나 눈보라를 겪지 않고 제대로 그렇게 자랄 수 있을 것인가? 외부로부터 가해지는 불운과 저항, 증오, 질투, 불신, 고집, 냉혹, 탐욕, 폭력은 덕의 위대한 성장을 위해서는 필수불가결한 것이 아닐까? 그것들은 덕의 성장을 위해서 유리한 환경을 조성한다. 나약한 천성을 가진 자들을 사멸시키는 독은 강한 자들에는 강장제이다. 강한 자는 그것을 또한 독이라고 부르지 않는다.

《즐거운 지식》

획기적인 삶의 전환점을 마련하려면 우리는 악을 우리가 가진 최선의 것이라고 생각할 만한 용기를 지녀야 한다.

《선악의 피안》

최대의 기쁨을 얻고자 한다면 위험을 즐기라. 그대들의 도시를 베수비오화산에 건설하라. 당신들의 배를 미지의 바다로 보내라. 당신들의 동료나 당신들 자신과의 싸움 속에 살아라. 당신들, 인식하는 자여! 지배하고 소유하는 자가 되지 못하는 힘이여! 약탈하고 정복하는 자가 되라! 당신들, 인식하는 자여! 겁이 많은 사슴처럼 숲 속에 숨어서 사는 것으로 만족했던 시대는 이제 곧 지나갈 것이다.

《즐거운 지식》

◆ 소위 악과 고통, 위험이라고 전통적으로 규정된 것은 어떻게든 피해져야 할 것이 아니라 절대적으로 필연적인 것이며 절대적으로 긍정되어야 할 것이다. 힘이 강한 자에게 악과 어둠은 존재하지 않는다. 오히려 그에게 그것은 아름다운 것이다.

험준한 산악은 연약한 자에게는 자신의 진로를 가로막고 어떻게든 제거되어야 할 악에 불과하다. 그는 그 산을 올라가면서도 자신을 그렇게 힘들게 하는 그 산을 저주하며 그 산을 올라야 하는 자신의 운명을 한탄한다. 이에 반해서 강한 자에게 험준한 산은 자신의 충만한 힘을 향유할 수 있는 기회를 제공하는 한편 지극히 아름다운 것으로서 나타난다. 산이 험하면 험할수록 강한 자는 그 산의 깊이를 모를 심원한 아름다움을 찬양하게 된다. 약한 자, 퇴락한 자에게 저주의 대상인 것은 강한 자에게는 찬양과 사랑의 대상이다.

약한 자는 의미도 목표도 없이 흘러가면서 고통과 기쁨이 끊임없이 교차하는 삶의 운명을 그것에 외적인 의미를 부여함으로써 견디려 한다. 그는 지상의 운명을 가상적인 것으로 여기면서 피안의 신에게 의지함으로써 견디려고 한다. 아니면 그는 현재 인간이 처하고 있는 지상의 운명을 인간의 이성이 완전히 계발되어 자연과 사회를 완전히 지배하게 될 때 극복되어질 잠정적인 것으로 생각함으로써 견디려고 한다. 이에 대해서 강한 자는 행복과 불행, 기쁨과 슬픔이 교차하는 지상의 운명을 있는 그대로 긍정하며 사랑하는 자이다. 이런 의미에서 니체는 아모르 파티(운명애)를 외치고 있다.

기독교 그리고 그 뒤를 이은 계몽철학은 이 세상의 악과 고통, 위험에 대해서 적대적인 입장을 취하면서 기독교의 경우에는 그것들에서 도피하여 신의 품에 안기려 하고 계몽사상의 경우에는 과학과 기술 그리고 소위 사회정의의 확립을 통해서 그것들을 제거하려고 한다. 그러나 니체에게는 선과 악, 밝음과 어둠의 이원론적 대립은 존재하지 않는다. 기독교적 사유와 계몽주의에서 악이라고 생각되었던 것은 니체에게는 힘에의 의지의 고양을 위해서는 불가결한 것이다.

## 운명애를 실현한 괴테

괴테에게는 거의 환희에 차고 신뢰에 넘치는 일종의 숙명론이 있다. 그러한 숙명론은 반항하지 않지만 그렇다고 하여 맥없이 늘어져 있지도 않고, 자신을 하나의 전체로 형성하려는 숙명론이다. 그것은 전체성(Totalität) 안에서 비로소 모든 것이 구원되고, 좋고 정당한 것으로서 나타난다는 믿음에 입각해 있다.

《힘에의 의지》

그(괴테)가 바랐던 것은 전체였다. …그는 자신을 전체로 단련시켰고 자신을 창조했다. … 그렇게 자유롭게 된 정신은 기쁨에 차 있고 신뢰하는 숙명론을 수용하면서 세계 한가운데에 서 있다. 그것은 오직 개별적인 것만이 비난받을 수 있고 전체 안에서는 모든 것이 구원되고 긍정된다고 믿는다. 그는 더 이상 부정하지 않는다. … 그러나 그러한 신앙은 가능한 모든 신앙 중에서 최고의 것이다. 나는 그러한 신앙에 디오니소스라는 이름을 부여했다.

《우상의 황혼》

괴테를 잠깐 만나 얘기를 나눈 그 노련한 외교관은 자기 친구에게 "그는 큰 슬픔을 견디어 온 사람이다"라고 말했다. 괴테는 이 말을 "그는 괴로움과 쓰라림을 겪은 사람이기도 하다"라고 번역했지만 덧붙여 이렇게 말하고 있다.

"만일 우리의 얼굴에 우리가 겪어온 슬픔과 지난날의 활동의 자취가 가시지 않는다면, 우리의 노력이 남긴 모든 것에도 그와 같은 자국이 남아 있더라도 이상할 것은 없다"고.

그리고 이것이 우리나라의 '교양 있는 속물'들이 제일 행복한 독일인이라고 지적하는 괴테인 것이다.

《반시대적 고찰》

사물이 꼭 필요로 하는 것을 아름다움으로 보는 일, 이것을 나는 더욱더 배워가고 싶다—그리하여 나는 사물을 아름다운 것이 되게 하는 사람들 중의 한 사람이 될 것이다.

운명애—앞으로 이것이 나의 사랑이고 싶다!

나는 탄핵하기를 바라지 않는다. 탄핵하는 자를 탄핵하는 일조차 하고 싶지 않다.

《즐거운 지식》

◆ 니체는 운명애를 실제의 삶에서 구현한 사람으로 괴테를 생각하고 있다. 괴테는 자신의 삶을 운명적인 것으로 보면서도 그것을 기쁘게 긍정한다. 그렇다고 하여 괴테의 삶에 항상 좋은 일만 있는 것은 아니었다. 그는 사람들의 생각과는 달리 큰 슬픔과 괴로움을 맛본 사람이다. 그럼에도 그는 자신의 삶을 철저하게 긍정한다. 그는 자신의 삶의 모든 순간순간들, 심지어 고통스런 순간들마저도 무의미한 우연으로 보지 않고 자신의 고양을 위해서 필연적인 것으로 긍정한다. 니체는 이러한 신앙이야말로 최고의 힘에 오른 상태에서만 가능하기에 그것을 최고의 신앙이라고 규정하고 있다.

니체의 운명애는 피할 수 없는 숙명에 단순히 복종하라는 것이 아니라 아무런 이유도 없이 자신이 내던져진 우연한 상황들을 자신의 고양을 위해서 필연적인 상황으로 승화시키라는 명령이라고 볼 수 있다. 이 경우 운명애란 수동적인 체념의 표현이 아니라 최고의 능동성의 표현이며, 우연을 자신을 위한 내적인 필연성으로 형성하는 능력을 의미한다. 수동적인 체념으로서의 숙명론은 이 세계를 우울하고 어두운 것으로 본다. 이에 대해서 니체가 말하는 운명애란 이 세계와 사물을 아름답고 밝은 것으로 보는 것을 의미한다. 그것은 이 세계가 안고 있는 고통과 슬픔에도 불구하고 이 세계를 아름답게 보는 것이다. 아니 그것은 고통과 슬픔으로 인하여 이 세계의 아름다움은 깊이를 지닐 수 있다고 생각하는 것이다.

## 자신의 환경을 극복하라

환경과 외부적 원인의 영향력에 대한 학설은 부정되지 않으면 안 된다. 내적인 힘(die innere Kraft)이야말로 무한히 우월한 것이다.

《힘에의 의지》

환경과 외적인 원인의 영향에 대한 가르침에 반대하여: 내적인 힘이 무한히 월등하다. 외부의 영향처럼 보이는 것도 단지 내부로부터의 적응에 불과하다.

《힘에의 의지》

외적인 환경이 주는 영향이 다윈에서는 지나치게 과장되고 있다. 삶의 과정에서 본질적인 것은 바로 그 거대한 형성력, 내부로부터 형태를 창조하는 힘이다. 그러한 힘은 외적인 환경을 이용하며 착취하는 것이다.

《힘에의 의지》

◆ 보통 사람들은 환경이 인간을 지배한다고 말하지만 동일한 환경이라도 인간에 따라서 전혀 달리 해석된다. 환경 자체란 존재하지 않으며 오직 환경에 대한 해석만이 존재한다고 볼 수 있을 것이다. 약한 자에게는 힘들고 어둡기만 한 환경도 강한 자에게는 자신의 힘을 강화하는 것을 돕는 고마운 것으로 나타날 수 있다. 환경이 인간에게 미치는 영향을 강조하는 자는 연약한 자일 뿐이

다. 강한 자는 오히려 자신의 강한 힘으로 자신의 열악한 환경을 변화시키고 새로운 환경을 창조한다. 고아는 지극히 열악한 환경에서 똑같이 자라났더라도 한 인간은 자신의 환경을 저주하고 한탄하는 반면에 어떤 인간은 자신을 강화할 수 있는 시련을 부여한 자신의 환경에 대해서 감사할 수도 있다.

다윈은 어떤 불변적인 환경이 있다고 보면서 인간이든 동물이든 그 환경에 적응하지 않으면 안 된다고 주장한다. 이에 대해서 니체는 자신의 내적인 힘의 강화를 통해서 환경을 변화시킬 수 있는 인간의 창조력을 강조하고 있다.

현대인들은 환경이 인간에게 미치는 영향을 지나치게 강조한다. 우리는 심지어 흉악무도한 범죄자마저도 그가 자라난 환경을 이유로 하여 동정한다. 그러나 아무리 사회적 환경이 좋아도 연약한 자에게는 삶은 힘겹고 어둡게만 보인다. 현대는 과거의 어느 때에 비해서 평등하고 물질적으로 풍요롭고 정의로운 사회적 환경을 만들어 내었다. 그럼에도 현대인들은 자신의 삶에 대해서 불만에 가득 차서 마약과 알코올, 자살에서 구원을 찾는다. 이러한 병적인 현상들의 원인을 니체는 열악한 사회적 환경에서 찾지 않고 인간들의 내적인 힘의 약화에서 찾는 것이다. 니체는 환경의 영향을 지나치게 중시하는 사고방식이 인간을 나약하게 만들고 무책임하게 만든다고 경고한다.

# 04. 초인은 대지의 뜻이다!

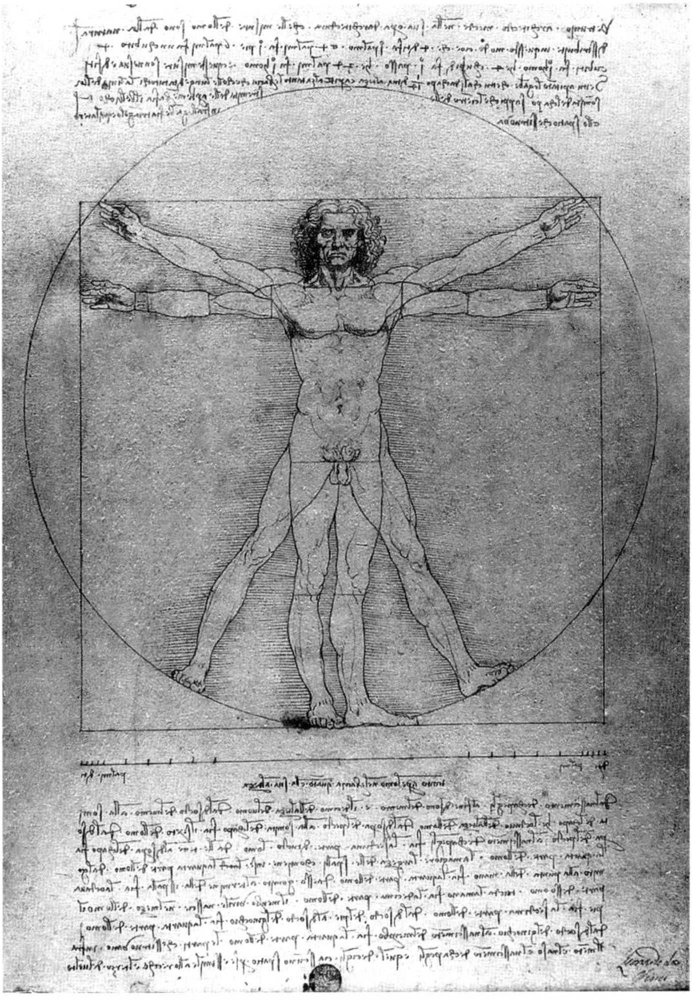

## 초인은 누구인가

보라, 나는 그대들에게 초인을 가르친다!

초인은 대지의 뜻이다. 그대들의 의지는 초인은 대지의 뜻이라고 말한다.

나의 형제들이여, 내가 그대들에게 맹세하거니와 이 대지에 성실하고 천상의 희망에 대해서 이야기하는 자들을 믿지 말라! 그들은 자신들이 알든 모르든 독을 섞는 자들이다.

그들은 삶을 경멸하는 자, 죽어 가는 자, 독에 중독된 자들이며 이 대지는 그들에게 지쳐 있다. 그러므로 그들이 죽어가는 것은 당연한 일이다.

전에는 신에 대한 모독이 가장 커다란 모독이었다. 그러나 이제 신은 죽었고 그와 더불어 신의 모독자들도 사라졌다. 이제는 대지에 대한 모독이 가장 무서운 것이다.

《차라투스트라는 이렇게 말했다》

◆ 초인이란 어떠한 목적도 없이 고통과 기쁨이 영원히 회귀하는 대지에 충실한 자이다. 그러나 초인에게 영원히 회귀하는 이 대지는 의미도 목표도 없는 어둠이 지배하는 세계를 의미하는 것이 아니라, 정오의 밝음에 비견될 수 있는 밝음이 지배하는 세계이다. 니체는 우리가 의지해 온 신이 허구로 드러난 지금 이제 인간이 오직 지향해야 할 것은 초인이라고 말하고 있다. 초인이란 피안과 신으로 도피하거나 물질적 안일만을 탐하는 이제까지의 연약한 인간유형들을 넘어선 인간이라는 뜻이다.

## 최후의 인간과 초인

대지는 이제 작아졌다. 그리고 그 위에 모든 것을 작게 만든 마지막 인간이 뛰며 돌아다닌다. … 노동은 하나의 즐거움이기 때문에 인간은 여전히 일한다. 그렇지만 인간은 그 즐거움이 너무나 고통스러운 것이 되지 않도록 주의한다. 이제 인간은 가난하게 되지도 않고 풍요롭게도 되지 않는다. 어느 쪽이든 너무나 힘을 쏟아야 하는 것이다. 누가 지금도 여전히 지배하기를 원하겠는가? 누가 복종하겠는가? 양쪽 모두 너무나 많은 힘을 소모했다.

목자는 없고 군중만 있구나! 모든 사람은 동일한 것을 원한다. 모든 사람은 동일하다. 다르게 느끼는 사람은 자발적으로 정신병원으로 간다.

《차라투스트라는 이렇게 말했다》

◆ 니체는 매사에 안락함을 추구하는 현대인들을 최후의 인간(die letzten Menschen)이라고 부른다. 이러한 최후의 인간은 가난도 지나친 부도 두려워한다. 이는 부담스럽기 때문이다. 그는 매사에 적당한 쾌적함을 추구한다. 그는 복종하는 것도 지배하는 것도 두려워한다. 진정으로 복종하고 지배하기 위해서는 자신을 먼저 철저하게 지배할 수 있어야 하기 때문이다. 그러나 이것 역시 부담스러운 것이다. 그는 작은 안락함을 찾아서 모든 종류의 부담과 고통에서 도피한다.

이러한 인간들은 서구의 역사를 지배해 온 힘과 생명력의 박약함이 극에 달한 결과 나타난 인간들이기에 최후의 인간이다. 중세시대까지의 인간들이 적어도 신에 가까이 가기 위해서 왜곡된 형태로나마 자신과 싸우면서 자신을 극복하고자 한 반면에, 근대인들은 고통 없는 안락만을 추구할 뿐이다. 이러한 최후의 인간이야말로 초인과 가장 대립된 인간이다.

## 행복은 물리적인 쾌락이 아니다.

쾌락주의건, 염세주의건, 공리주의건, 행복주의건—대체로 쾌감과 고통에 의해서, 즉 부수적인 상태나 부차적인 것에 의해서 사물의 가치를 재는 모든 사고법은 모두 소박한 초보적인 사고법이다. 적어도 창조력과 예술가적 양심을 갖고 있는 자는 그러한 사고법에 대해서 조소와 동정을 금할 수 없을 것이다. … 인간이 어떻게 왜소화되고 있는가, 그대들이 어떻게 인간을 왜소화시키고 있는가를 우리는 본다! 이제 우리는 그대들의 동정을 보고 표현할 수 없는 불안을 느낄 때가 있으며, 그대들의 동정에 대해서 몸을 지키고, 그대들의 진지함을 어떠한 경박성보다도 위험하다고 느낄 때가 있다. 그대들은 가능하다면—이처럼 어리석은 '가능하다면'이 없지만—괴로움을 아주 없애려고 한다. 그러나 우리는? 우리는 오히려 일찌기 없었던 고통을, 높고 나쁜 것을 바라고 있다! 그대들이 바라는 안락이라는 것은 우리의 목표가 아니다. 그것은 우리에게는 종말이라고 생각되는 것이다! 그것은 인간을 조소해야 할 것, 경멸해야 할 것으로 만드는 것이며, 인간은 그것에 의해서 자신의 몰락을 바라게 되는 것이다! 고통을 통한—위대한 고통을 통한—단련만이 이제까지 인간이 모든 향상을 창조했다는 사실을 그대들은 모르는가? 영혼의 강력함을 기르는 불행 속의 영혼의 저 긴장, 위대한 파멸을 눈 앞에 볼 때의 영혼의 전율, 불행을 걸머지고, 견디고, 해석하고, 이용하는 영혼의 독창성과 용맹성, 그리고 또한 일찌기 영혼에 보내진 깊이 · 비밀 · 가면 · 정신 · 간지 · 위대함의 모든 것—이들은 모두 괴로움을 통해서, 위대한 고통의 단련을 통해서 영혼에 보내진 것이 아니었던가?

《선악의 피안》

◆ 근대의 최후의 인간을 지배하는 철학은 쾌락주의와 공리주의이다. 이들은 쾌락을 인간의 삶의 목표라고 본다. 쾌락주의와 공리주의를 자신의 기반으로 갖는 근대의 자유주의사회나 사회주의사회는 인간들에게 고통의 원인이 될 수 있는 것들을 모두 제거하려고 한다. 그것은 자연적인 재해를 비롯하여 궁극적으로는 노화와 죽음마저도 제거하고자 한다.

그러나 니체에게는 역경이야말로 개인을 단련시켜 위대한 존재로 만드는 것이다. 그리고 강력하고 건강한 의지는 자신의 성장을 위해서 오히려 역경을 요청한다. 진정한 행복이란 공리주의자들이 생각하는 것처럼 고통을 제거하거나 회피하여 획득되는 것이 아니라 오히려 그러한 고통을 자신이 내적으로 성장하는 계기로 승화시키는 자기고양을 통해서 획득된다. 그러한 행복은 고통을 자신이 회피하지 않고 견뎌내었으며 이를 통해서 자신의 힘이 고양되었다는 자긍심을 수반하는 행복감이다.

니체에게 쾌감과 불쾌감은, 삶의 부수적 현상으로서 부차적인 것이다. 쾌락이나 행복이란 느낌은 인간이 자신의 고양을 경험할 때 부수적으로 갖게 되는 느낌으로 그쳐야지 그 자체가 삶의 목적이서는 안 된다. 그것을 삶의 목적으로 추구하는 자는 고통을 두려워하는 연약한 자로 왜소해질 것이며 조그만 고통에 대해서도 불행을 느끼게 될 것이다. 쾌락이 도덕의 척도가 아니라 힘이 가치의 척도이다. 안락한 생활을 보장하려는 이념은 웅대한 지성과 강력한 개인이 성장할 수 있는 기초를 파괴하고 평균화된 범속한 대중을 대량생산한다.

## 최후의 인간의 양상

우리는 더 이상 신분을 갖지 않는다! 우리는 개인이다! 그러나 돈은 힘이고 명성이고 존엄이고 우월함이며 영향력이다. 이제 돈은 사람이 그것을 가졌는가에 따라서 한 인간을 평가하는 크고 작은 도덕적 편견을 형성한다.

《아침놀》

◆ 최후의 인간들이 가장 중시하는 안락함을 누리기 위해서는 돈이 절대적으로 필요하다. 따라서 이들은 인간마저도 그가 가지고 있는 돈의 양에 따라서 평가한다.

## '최대다수의 최대의 행복'이란 이념에 대한 비판

"근본오류: 목적을 군중에 놓고 개체적 개인들에 놓지 않는 것! 군중은 수단이지 그 이상이 아니다! 그러나 지금 우리는 개인보다 군중을 더 중시한다. ― 가장 깊은 오해!!!"

《유고》

◆ 근대사회는 최대다수의 최대의 행복을 말한다. 근대사회에서 중요한 것은 행복의 양이다. 따라서 근대사회는 가능하면 많은 사람들이 많은 행복을 누리게 하려고 한다. 이에 대해서 니체는 행복이 아니라 행복의 질을 중시한다. 천박한 종류의 행복이 있는가하면 보다 깊은 행복이 있다. 이러한 행복은 자신을 극복한 소수만이 도달할 수 있는 행복이다.

## 전쟁은 필요하다.

궁극적으로, 또한 본능적으로 전쟁과 정복을 거부하는 사회는 몰락하고 있는 사회이다. 다시 말하면 민주주의와 상인의 통치에 적합한 사회이다.

《힘에의 의지》

전쟁은 불가결하다. 인류가 전쟁을 하는 것을 잊어 버렸을 때,

인류에게서 여전히 많은 일을 기대한다는 것은 헛된 몽상이며 어수룩한 이야기이다.

야영을 할 때의 그 거친 에너지, 그 깊은 집단적인 증오, 양심의 가책이 따르지 않는 살인의 냉혈, 적을 절멸하려는 그 공통의 조직적인 열정, 큰 손실과 자기 자신 및 친근한 사람들의 생사 등을 문제 삼지 않는 그 자랑스러운 무관심, 그 무겁고 답답한 지진 같은 영혼의 전율 등을 모든 종류의 큰 전쟁이 주는 것만큼 강하고 확실하게 해이해진 민족에게 줄 수 있는 방법을 현재로서는 달리 찾아볼 수 없다. …

제정시대의 로마인은 전쟁에 싫증이 났을 때, 사냥과 검술시합과 기독교도에 대한 박해를 통해서 새로운 힘을 얻으려고 시도했다. 대체적으로 역시 전쟁을 포기한 것같이 보이는 현재의 영국인도 소멸해 가는 활력을 새로 얻어내기 위해서 다른 수단을 택하고 있다. 그 위험한 탐험여행이나 원양 항해나 등산 등은 과학적인 목적을 위해서 계획된 것이라고 하지만, 실제로는 온갖 종류의 모험과 위험에서 여분의 힘을 가지고 돌아오려는 것이다.

《인간적인 너무나 인간적인》

◆ 초인은 자신의 힘을 강화하기 위하여 오히려 시련을 요구하는 자이다. 평화보다는 전쟁이 필요하다는 니체의 말은 이러한 맥락에서 이해되어야 한다. 인간은 강력한 적과의 투쟁을 통해서 그리고 자신의 열악한 환경과의 투쟁을 통해서 자신을 고양시킨다. 따라서 전쟁과 싸움은 제거되어야 할 것이 아니라 인간의 상

승을 위해서 절대적으로 필요한 것이다. 특히 전쟁은 지나치게 편안해서 나약해지고 퇴폐적이 된 정신을 치유한다. 전쟁은 평화 속에서 썩어가는 여러 본능을 흥분시킨다.

전쟁의 목적은 정의를 위한 것도 평화의 회복도 아니다. 전쟁 그 자체가 목적이 되지 않으면 안 된다. 전쟁에서 일어나는 힘의 겨룸 그리고 이를 통한 힘의 고양이 목적인 것이다.

## 언제 전쟁은 정당화되는가

적과 대등하다는 것—이것이 대개 성실한 결투의 첫째 전제다. 상대방을 얕보고 있는 경우, 전쟁은 할 수 없다. 명령을 하는 것과 같은 경우, 무언가를 내려다보고 있는 것 같은 경우에는 전쟁을 할 것까지도 없다.

나의 병법은 네 개의 조항으로 요약된다.

첫째, 나는 승리를 뽐내고 있는 것 같은 일에만 공격을 가한다.—사정에 따라서는 그것이 승리를 뽐내기까지 기다린다.

둘째, 나는 동맹자를 찾아 낼 수도 없을 성싶은 일에 대해서만, 고군분투하게 될 것 같고, 나만을 위험에 부딪히게 할 성싶은 일에 대해서만 공격한다. 나 자신을 위험에 직면하게 하지 않는 것 같은 일은 나는 공적으로는 한 번도 한 적이 없다. 이것이 올바른 행위라는 것에 대한 나의 기준이다.

셋째, 나는 결코 개인을 공격하지 않는다. 나는 일반적이면서도 기어다니고 있어서 붙잡기 어려운 것을 눈으로 볼 수 있게 하는 일종의 도수가 높은 확대경으로서 개인을 사용할 뿐이다.

넷째, … 그뿐 아니라 공격을 가하는 일은 내 경우에는 호의의 하나의 징표이며, 때로는 감사의 징표다. 내 이름을 어떤 일과 어떤 이름과 결부시킴으로써 나는 적의를 나타내며 표창하는 것이다.

《이 사람을 보라》

네 가지 훌륭한 태도. 우리 자신과 친구에게는 정직하게, 적에게는 용감하게, 피정복자에게는 관대하고 언제나 예의바르게, 이것이 우리가 따라야 할 네 가지 주요한 미덕들이다.

《아침놀》

◆ 니체가 말하는 전쟁은 무력을 통한 전쟁뿐 아니라 철학 상의 논쟁, 예술적인 탁월성의 경쟁, 등 모든 면에서의 힘겨루기를 의미한다. 니체는 이러한 힘겨루기가 성실한 힘겨루기가 될 수 있는 조건들을 나열하고 있다. 니체는 모든 전쟁을 찬양하는 것은 아니다. 연약한 상대방을 단순히 지배하기 위한 전쟁은 사디스트적이고 비열하다. 니체는 자신이 정복한 자에게 관대하고 예의바르게 처신하는 것이 진정한 강자의 태도라고 말하고 있다.

최소한 자신과 대등한 상대, 아니면 그와 싸워서 자신이 몰락할 수도 있는 상대일 경우에만 전쟁을 벌이는 것이 정당화된다. 그러한 전쟁만이 우리가 우리 자신을 초극하는 기회를 부여하기 때문이다. 이러한 의미에서 니체는 단순히 패권만을 노리는 모든 제국주의적인 전쟁을 배격한다. 비스마르크 치하의 독일이 보불 전쟁에서 승리를 거두고 의기양양해 했을 때 니체가 느낀 역겨움은 바로 그러한 데서 연유한다. 독일인이 오히려 프랑스에게 벌여야 할 전쟁은 니체가 보기에는 문화적인 전쟁이었다. 프랑스는 독일보다 문화적인 면에서 우월한 나라였기 때문이다.

따라서 니체 정도의 인간이 싸움을 거는 사람들, 바그너나 쇼펜하우어, 플라톤, 칸트와 같은 사람들은 니체가 최소한 자신과 대등한 자들로서 인정한 자들이다. 이런 의미에서 니체가 이들에게 공격을 가할 경우 그것은 그 사람들의 탁월함을 인정하는 것이다. 그리고 니체는 그들이 니체에게 자신을 초극할 수 있는 도약판과 기회를 제공한다는 점에서 그들에게 감사하는 것이다.

## 초인은 고독하다.

교육에 부쳐—우리의 교양과 교육방식의 가장 보편적인 결함이 무엇인지 내게 점차 분명해졌다. 그 누구도 고독을 견디는 방법을 배우거나 배우려 하지 않고 가르쳐 주지도 않는다.

《아침놀》

쉽게 파멸시키기—자기와 다른 생각을 하는 사람보다 자기와 똑같은 생각을 하는 사람을 더 존경하라고 지도하는 것은 젊은이를 가장 확실하게 파멸시킨다.

《아침놀》

대중에 속하려고 하지 않는 인간은 안락함을 단념할 필요가 있다. 그는 '네 자신이 되라! 네가 지금 행하고 생각하고 욕망하는 모든 것이 네가 아니다'라고 부르는 자신의 양심에 따른다.

《반시대적 고찰》

우리는 … 우리 자신인 그러한 자가 되고자 한다. 새로운 자들, 유일한 존재들, 비교할 수 없는 자들, 자기 스스로의 입법자들, 자기 스스로를 창조하는 창조자들!

《즐거운 지식》

위대한 모든 것은 시장과 명성에 등을 돌린다. 새로운 가치의 창조자는 언제나 시장과 명성에서 떨어져 살고 있었다.

달아나라, 나의 친구여, 그대의 고독 속으로! 당신은 보잘 것 없는 자들, 가엾게 여겨야 할 자들에게 너무 가까이 살고 있다. 눈에 보이지 않는 그들의 복수에서 달아나라!

《차라투스트라는 이렇게 말했다》

◆ 니체가 주창하는 초인의 길은 우리를 고독으로 몰아넣는다. 그는 삶을 부정하는 전통적인 종교와 철학을 부정하고 삶을 철저하게 긍정한다. 전통에 대한 그의 거부는 모든 종류의 값싼 위로에 대한 거부이다. 그러나 이러한 거부를 전통을 충실하게 따르면서 그것들이 주는 피안의 행복 따위를 신봉하는 대부분의 최후의 인간들은 이해할 수 없다. 따라서 초인적인 인간은 항상 고독할

수밖에 없다. 그와 아울러 니체 자신의 삶도 세인들의 지탄과 오해 그리고 무시에 의해서 점철된 고독한 인생이었다.

따라서 조금이라도 의지가 약한 인간들은 이러한 고독으로부터 도피하여 기존의 가치들에 대해서 굴종하는 길로 되돌아간다. 그리고 그는 그러한 가치들을 신봉하는 군중들 속에서 온기를 느끼려 하며 시장과 명성을 추구하게 된다. 그러나 그 경우 대중이 보내는 찬사란 뛰어난 자들에 대한 복수에 지나지 않는다. 대중이 보내는 찬사란 뛰어난 자들을 대중의 수준으로 끌어내리는 것이기 때문이다.

## 고독에 대해서

### 고독

까마귀 떼가 울부짖으며
어지러운 날개 소리를 내면서 거리로 날아간다.
머지않아 눈도 내리리라.
행복하구나, 아직도 고향이 있는 자들은!
그대는 멈춰 서서 움직이지 않은 채 뒤돌아본다.
아아, 벌써 얼마나 먼 과거가 되었는가!
이 무슨 바보짓이란 말인가.
겨울을 앞두고 세상으로 도망쳐 들어오다니.

세상은 말없고 냉랭한 사막으로
통하는 대문인데,
그대는 잃고 또 잃으면서
어디에도 머물 줄을 모른다.

이제 그대는 창백한 채 서 있다.
겨울에 정처 없이 방랑하도록 저주받아,
차가워져만 가는 하늘을
찾아가는 연기와 같이
날아라, 새여, 울부짖으라.
사막에서 우는 새의 노래를!
감추라, 어리석은 자 그대여,
피를 뿜는 마음을 얼음과 비웃음 속에!

까마귀들은 마냥 울면서
어지러운 날개 소리를 내면서 거리로 날아간다.
머지않아 눈이 오리라.
슬프다, 고향이 없는 자들은!

◆ 전통에 대항하면서 새로운 가치를 정립하는 자는 고독하다. 그는 고향을 잃은 자, 차가운 사막에서 방랑하는 자이다. 그 역시 가끔가다가 전통에 안주하여 희희낙락하는 사람들의 순진함을 부러워하여 '행복하겠구나, 고향이 있는 자는!'이라고 말한다. 그러

나 그는 기만적인 행복보다는 차라리 진실한 불행을 택한다. 이러한 그의 진실함 때문에 그는 겨울에 정처 없이 방랑하도록 저주받은 자이다.

## 초인은 두려움을 불러일으킨다.

인간은 비동물(Untier)이면서 초동물(Übertier)이다. 상위의 인간은 비인간(Unmensch)이면서 초인(Übermensch)이다. 양자[비인간이면서 초인이라는 것]는 공속한다. 인간이 위대해지고 고양되면서 그는 또한 더 깊이를 갖고 두려운 존재가 된다. 이러한 사실의 한 측면을 원하지 않으면서 다른 측면을 원해서는 안 된다. 오히려 한 측면을 보다 철저하게 원하면 원할수록 사람들은 그만큼 철저하게 다른 측면을 달성하게 되는 것이다.

《힘에의 의지》

인간이 크기와 높이로 성장함에 따라서 그는 또한 깊이와 두려움을 일으키는 자(das Furchtbare)로서 성장한다.

《유고》

우리가 '보다 높은 문화'라고 부르는 것은 잔인함의 정신화와 심화에 근거하고 있다.

《선악의 피안》

근본적으로 모든 문명은 '위대한 인간'에 대해서 깊은 위구심(危懼心)을 품고 있다. 중국인만이 '위인은 세계의 재앙이다'라는 속담으로 그것을 인정하고 있다.

《즐거운 지식》

◆ 대중은 안락함을 구하나 초인은 오히려 전쟁과 위험을 원하기에 초인이란 대중에게는 한편으로는 경탄할 만한 존재이기도 하면서 두려움을 불러일으키는 존재이다. 문자 그대로 그는 경외(敬畏)스런 존재인 것이다. 그는 다른 인간들을 뛰어넘는 높이를 가지면서도 다른 인간들이 헤아릴 수 없는 심원한 깊이를 갖는 자이며 이로 인하여 두려움을 불러일으키는 비인간적인 자이다.

초인은 잔인할 정도로 자신을 지배하고 이를 통하여 다른 인간들마저도 지배할 수 있는 강함을 갖는다. 보다 높은 문화란 이렇게 잔인함을 정신적으로 승화한 초인들의 문화이다.

## 초인은 사자 같은 어린애다.

어떻게 정신이 낙타가 되고, 낙타는 사자가 되고, 드디어 사자는 아이가 되는 것인지, 나는 이 정신의 세 단계 변화를 그대들에게 말하고자 한다. … 무엇이 무거운가? 억센 정신은 이렇게 묻고, 낙타처럼 무릎을 꿇고 짐을 잔뜩 짊어지고자 한다. … 억센 정신은 이 가장 어려운 것들을 스스로 걸머진다. 이리하여 짐을 짊어지고 사막을 달려가는 낙타와 같이 그는 자기의 사막으로 달려간다. 그러나, 고독한 사막에 이르면 두 번째의 변화가 일어난다. 여기에서 정신은 사자가 되고, 그는 자기만이 있는 사막에서 자유를 군주로 추대하고자 한다. … 승리를 쟁취하고자 그는 크나큰 용과 겨룬다. 정신이 더 이상 군주나 신이라고 부르지 않을 커다란 용은 어떤 것인가? 크나큰 용이란 '그대는 마땅히 하지 않으면 안 된다'고 말한다. 그러나 사자의 정신은 '나는 원한다'라고 말한다. … 새로운 가치를 창조하는 것—그것은 사자라도 감히 할 수 없다. 그러나 새로운 창조를 위하여 자유를 창조하는 것—그것은 사자라도 감히 할 수 있다. 나의 형제들이여, 스스로 자유를 창조하여 의무에 대하여 신성한 거절을 하기 위하여 사자가 필요한 것이다. … 사자도 감히 할 수 없는 것을 아이가 능히 할 수 있는가? 어찌하여 약탈하는 사자는 또한 아이가 되어야만 하는가? 아이는 순결이요, 망각이며 새 출발이고 유희이며 스스로 돌아가는 바퀴요, 최초의 운동이며 신성한 긍정이다.

《차라투스트라는 이렇게 말했다》

◆ 니체가 여기서 말하는 정신의 세 단계 변화는 니체가 파악하는 세계사의 세 단계 변화와 상응하는 것이면서 과도기로서의 근대에 살고 있는 근대인 각각이 겪지 않으면 안 되는 변화이다. 여기서 말하는 낙타의 정신은 신과 도덕의 절대적인 명령에 충실히 따르려는 정신이다. 이러한 정신은 중세를 지배한 정신이다.

사자의 정신은 이러한 명령과 의무로부터 해방되었으나, 그를 대체할 어떠한 새로운 가치도 창조하지 못한 채 방황하는 허무주의의 정신이다. 이는 '신을 살해함'으로써 종교와 도덕의 절대적 권위를 붕괴시켰으나, 그를 대신할 가치의 부재로 인하여 허무감에 시달리는 근대의 정신이다. 아이의 정신이란 새로운 가치를 창조하는 정신이다. 이는 니체가 세계사의 미래를 지배하기를 바라는 정신이다.

타율적인 낙타의 정신은 반항적인 사자의 정신으로 바뀌고 이러한 반항과 분노의 정신은 다시 화해와 기쁨의 정신인 아이의 정신으로 바뀐다. 아이의 정신은 죄책감과 의식의 짐으로부터 자유로운 무구한 상태를 상징한다. 그것은 선악을 넘어설 뿐 아니라 기쁨과 고통, 자유와 필연 등 모든 적대적 대립을 초월한 정신이다. 그러나 우리는 니체가 이상적인 인간으로서 비유한 어린애는 사자의 단계를 거친 어린애라는 것을 염두에 둘 필요가 있다. 그는 보통의 어린아이처럼 양순한 자가 아니라 사자의 용맹과 어린이의 무구함을 지닌 자이다. 그는 사자의 잔인함을 정신적으로 심화한 자인 것이다.

## 초인은 그리스도의 영혼을 갖는 카이사르이다.

그리스도의 영혼을 갖는 카이사르.

《힘에의 의지》

뜨거운 심장과 냉엄한 머리, 이들이 맞서는 곳에 광풍이 일어난다. 즉 '구세주'가 나타난다.

《차라투스트라는 이렇게 말했다》

권력이 자비로워져서 고개를 숙일 때, 나는 그러한 겸손함을 아름다움이라고 부른다. 나는 다른 사람이 아닌 당신과 같이 강한 사람에게서 가장 많은 아름다움을 원한다.

《차라투스트라는 이렇게 말했다》

◆ 카이사르는 강인한 힘의 의지와 결단력을 갖고 있으나 그는 예수가 갖는 너그러움을 결여하고 있다. 예수는 너그러움을 가지고 있으나 냉엄한 의지를 결여하고 있다. 니체가 희구하는 인간은 예수 그리스도의 영혼을 지닌 카이사르이다. 진정한 초인은 자신과 자신의 동료에게 냉엄하되 약자에게는 너그러운 자이다. 그러한 자비는 약자에 대한 동정에서 비롯되는 것이 아니라 자신의 힘이 흘러넘쳐 나오는 데서 비롯된다.

## 초인은 하나의 바다다.

진실로 인간은 더러운 강이다. 사람이 불순하게 되지 않고, 더러운 흐름을 받아들이기 위해서는 하나의 바다가 되어야 한다.

들어라, 나는 그대들에게 초인을 가르친다. 초인은 바로 이 바다다. 그 속에서만 그대들의 커다란 경멸은 몰락할 수 있을 것이다.

《차라투스트라는 이렇게 말했다》

◆ 초인은 사람들이 악이라고 부르고 고통이라고 부르면서 기피하는 것들, 사람들이 악한이라고 부르고 두려워하거나 증오하는 자들도 모두 포용한다. 이를 통해서 그는 그러한 것들을 변용시키는 것과 아울러 자신의 성장을 꾀한다. 이런 의미에서 초인은 바다와 같다. 바다는 온갖 더러운 물을 받아들이면서도 더럽혀지지 않는다.

## 그대의 적을 경외하라

자신의 적, 자신의 재난, 자신의 비행 자체도 오랫동안 심각하게 생각할 수 없다는 것—이것이야말로 조형하고 형성하며 치유하고 망각하는 힘을 넘칠 정도로 가진 강하고 충실한 인간들의 표지이다. (현대에서 그 좋은 예는 미라보이다. 그는 자기에 가해진 모욕과 비열한 행위에 대해서 아무런 기억도 하지 못했다. 그가 남을 용서할 수 없었다는 것도 단지 그가 잊어버렸기 때문이다.) 이러한 인간은 다른 인간들의 경우에는 파고들었을 많은 벌레들을 단 한 번에 흔들어 털어버린다. 도대체 이 지상에서 '적에 대한 진정한 사랑'이 있을 수 있다면 다만 이와 같은 고귀한 인간에게만 있을 수 있다.

고귀한 인간은 자신의 적에 대해서 얼마나 많은 외경심을 지니고 있는 것인가? 그리고 이러한 외경심은 바로 사랑에 이르는 가교이다. … 그는 실로 자신을 위해서 자신을 탁월한 자로서 구현하기 위해서 자신의 적을 필요로 한다. 사실 그가 적으로 삼는 자는 경멸할 점이 전혀 없고 진실로 존경할 만한 자에게 국한된다. 이에 반해서 '원한'에 찬 인간이 생각하는 적을 상상해 보자. 바로 여기에서 그의 소행, 그의 창조 작업이 드러난다. 그는 우선 '사악한 적', 즉 '악인'을 마음속에 품고 이것을 기본으로 하여 그것과 대조되는 상으로서 '선인'이라는 것을 생각해내고 이 선인을 자기 자신이라고 생각한다.

《도덕의 계보학》

누가 복음 18장 14절을 수정하면—자신을 낮추는 자는 높여지기를 바란다.

《인간적인, 너무나 인간적인》

◆ 니체는 고귀한 인간이 갖는 한 특성에 대해서 말하고 있다. 고귀한 인간은 자신의 적을 사랑한다. 그러나 이는 기독교에서 말하는 '원수를 사랑하라'는 것과는 전적으로 다르다. 우리는 니체의 이 잠언을 '원수를 사랑하라'라는 예수의 말과 비교할 수 있다. 양자는 동일한 말을 하고 있는 것 같으나 양자가 말하고자 하는 의미는 전적으로 다르다. 니체에게 자신의 적은 자신에게 해를 입히는 인간이 아니라 오히려 자신이 경외할만한 인간으로서 여겨지고 있다.

이에 대해서 예수가 말하는 원수는 자신에게 해를 끼치는 인간이다. 예수는 자신에게 해를 입히고 자신을 위협하는 인간이라도 증오하지 말고 사랑하라고 말하고 있으며 더 나아가 오히려 그 인간을 불쌍하게 여기고 그 사람을 위해서 기도하라고 말하고 있다. 적을 용서하고 사랑하는 인간은 이를 통해서 적에 대한 도덕적 정신적 우월을 확보하게 된다. 이 경우 적은 악한 인간이 되며 적을 용서하는 자신은 그야말로 원수조차도 용서하는 선한 인간이 된다.

니체는 이러한 용서에서 하나의 자기기만을 본다. 적에게 적대할 힘을 결여한 자가 자신의 무력함을 솔직하게 토로하고 자신의 힘을 양성하는 것이 아니라 적을 악인으로 단정하고 적에게 저항하지 않는 자신을 선인으로 생각하는 정신적 조작을 통하여 자신의 자존심을 지키고 적에 대한 우월을 확보하려는 교활함을 본다.

니체는 이러한 자기기만의 근저에는 약한 자들이 강한 자들에 대해서 품는 원한이 용서와 사랑이라는 그럴듯한 외피를 쓰고 작용하고 있다고 보는 것이다. 이에 대해서 강하고 진정으로 고귀한 자에게 적이 되는 것은 자신에게 해를 끼치는 악인이 아니라 오히려 자신이 경외하고 존경할 만한 자이다. 물론 이러한 적은 자신의 목숨을 위협하고 앗아갈 수도 있다. 그러나 고귀한 자는 적과의 이러한 투쟁을 통해서 자신의 목숨을 잃더라도 그 적이 정정당당하게 자신과 겨루고 그의 힘의 우월함에 의해서 자신을 압도했을 경우에는 의연히 그에게 승복한다. 그리고 그는 자신의 패배를 자신을 보다 더 강하게 하고 고양시킬 수 있는 기회로 삼는다. 그리고 그는 적이 자신에게 그러한 기회를 주었음을 감사한다. 니체는 적에 대한 그러한 외경이야말로 적에 대한 사랑이라고 보고 있다.

고귀한 자에게 적이란 악한 자가 아니라 자신의 힘을 시험하고 자신을 고양시킬 기회를 주는 고마운 자이다. 그는 자신의 패배에 직면하여 상대방을 악인으로 단죄하고 자신을 선인으로 자처하는 자기기만을 통하여 자신의 초라한 자존심을 지키려 하지 않는다. 그의 유일한 관심사는 현재의 자신의 저열한 상태를 견지하는 것이 아니라 자신을 고양시키는 것이기 때문이다.

고귀한 자에게 적이란 최상의 외경의 대상이다. 그런 의미에서 그에게는 적은 진정한 친구라고 말할 수 있다. 이에 대해서 고귀한 자는 자신에게 아무리 해를 끼치고 자신을 위협해도 그 인간이 경멸할 인간이라면 용서하고 사랑하는 것이 아니라 무시해 버린다. 그러한 인간은 그의 안중에도 없는 것이며 따라서 그를 용서할 것도 사랑할 것도 없는 것이다. 그는 그 사람을 단순히 잊어버린다.

## 경멸하되 증오하지 말라

성격의 상(像)—스스로에게 다음과 같이 말할 수 있는 인간은 대체 어떤 사람일까? "나는 쉽사리 경멸하기는 하지만 결코 증오하지는 않는다. 어떤 사람에게도 나는 즉각 존경할 만한 어떤 점, 그것 때문에 내가 그를 존경하게 될 어떤 면을 찾아낸다. 그런데 소위 사랑할 가치가 있는 특징 같은 것은 나를 거의 매료시키지 못한다."

《인간적인, 너무나 인간적인》

◆ 니체는 자신을 위협하고 해를 입히고자 하는 자가 비열한 자일 경우에는 경멸하고 증오하지 말라고 말한다. 그를 증오하는 것은 그자에 대한 집착에서 벗어나지 못하는 것이며 자신을 그자의 수준으로 끌어내리는 것이다. 비열한 자에 대해서는 관심을 갖지 않고 잊어버리는 것이 고귀한 자의 품격에 맞다.

초인은 자신이 존경할만한 사람과 존경할 수 있는 면을 구한다. 그를 통해서 그는 자신을 극복할 수 있기 때문이다. 이에 대해서 사랑할만한 인간이나 사랑스러운 면은 인간에게 자신을 고양할 기회를 주지 않는다. 인간이 사랑할 수 있는 것은 자신과 동등한 수준의 것이나 그 이하의 것이기 때문이다. 이에 대해서 인간이 존경할 수 있는 것은 자신의 수준 이상의 것이다.

## 고귀함에 대해서

'고귀함'이란 무엇인가? '고귀함'이라는 말은 오늘날 우리에게 무엇을 의미하고 있는가? 현재 시작되고 있는 천민지배가 무겁게 드리워진 이 하늘—이것 때문에 모든 것이 불투명해지고 납빛이 되어 있다—아래에서 고귀한 인간은 무엇에 의해 나타나고 무엇에 의해 알려지는가?

그를 증명하는 것은 행위는 아니다. 행위는 언제나 모호하고 다의적이며 분석하기가 어려운 것이다. 그것은 또 '일'도 아니다. 여기서 위계를 확정하는 결정적인 방법은 낡은 종교적인 방식을 새로운 의미로 다시 한 번 사용한다면 신앙인 것이다. 고귀한 영혼이 자기 자신에 대해서 품고 있는 근본적인 확신, 탐구되지도 않고 발견되지도 않으며, 알지는 못하지만 상실되지도 않는 어떤 것이다.

고귀한 영혼은 자기 자신에 대한 외경심을 지닌다.

《선악의 피안》

사보나롤라, 루소, 로베스피에르, 생시몽 같은 광신자들은 자유로운 정신과는 반대되는 유형이다. 그러나 이런 병적인 정신, 이런 개념의 간질환자의 거창한 몸짓은 대중에 작용한다. —광신가는 일종의 희화이다. 인류는 합당한 도리에 귀를 기울이기 보다는 몸짓을 보는 쪽을 좋아하는 것이다.

《안티크리스트》

몸짓이 격렬하다는 것이 위대함의 속성은 아니다. 대개 몸짓을 필요로 하는 것은 가짜다. 모든 희화적인 인간을 경계하라!

《이 사람을 보라》

가면으로서의 평범—평범이라는 것은 뛰어난 정신이 쓸 수 있는 제일 편리한 가면이다. 그것은 대중, 즉 평범한 사람들이 그가 자신을 가장(假裝)하고 있다고 생각하지 못하게 하기 때문이다. 그런데도 그는 이 가면을 바로 그들을 위해서 쓰는 것이다. 그들을 자극하지 않기 위해서, 그뿐 아니라 동정심과 친절한 마음에서.

《인간적인, 너무나 인간적인》

사람은 잠자코 있어서는 안 될 경우에만 말해야 한다. 그리고 자기가 극복해 온 일만을 말해야 한다. 그 밖의 말은 모두 요설이요, 경박함에 지나지 않는다.

《인간적인, 너무나 인간적인》

생각건대 말이라는 것은 평균적인 것, 중간 정도의 것, 말하기를 좋아하는 자를 위해서 만들어진 것이다. 말하는 사람은 언어로 이미 자기 자신을 통속화하고 있다.

《우상의 황혼》

◆ 사람들은 니체가 말하는 초인이 무엇인지에 대해서 궁금해 한다. 나는 니체가 말하는 초인은 '고귀한 인간'이라고 생각한다. 그리고 니체가 고귀한 인간에 대해서 말할 때 우리는 자연히 아리스토텔레스가 《니코마코스 윤리학》에서 '긍지에 찬 인간'에 대해서 묘사한 것을 상기하게 된다. '긍지에 찬 인간'에 대한 아리스토텔레스의 묘사는 니체가 말하는 고귀한 인간 내지 초인 상을 생생하게 그려내고 있다고 생각하기에 여기에 약간 길게 소개하고자 한다.

"'긍지에 찬 인간'은 자신이 고귀하고 탁월한 가치를 갖는 인간이라고 생각하는 사람이며 사실 그렇게 고귀한 가치를 갖는 인간이다. 이에 대해서 고귀한 가치도 없으면서 자신이 그러한 가치를 갖는다고 생각하는 사람은 교만한 사람이며, 자신이 실제로 갖는 가치보다 자신이 더 작은 가치를 갖는다고 생각하는 사람은 비굴한 사람이다. 그리고 별로 탁월하지 않은 사람이 자신을 탁월하지 않은 인간으로 인정하는 경우에 그는 겸손한 사람이지만 긍지가 있는 사람은 아니다. 왜냐하면 긍지에는 위대한 태도가 속하기 때문이다.

긍지에 찬 인간이 위험 앞에서 두 팔을 내저으면서 정신없이 도망치는 것이나 도둑질과 같은 불의를 행하는 것은 어울리지 않는다. 그의 고귀한 품격이 그러한 짓을 허용하지 않는 것이다. 따라서 긍지는 모든 덕을 고귀하게 장식하는 것이다. 왜냐하면 그것은 모든 덕에게 보다 위대한 형식을 부여하며 다른 한편으로는 그러한 덕들 없이는 생겨날 수 없는 것이기 때문이다. 따라서 긍지를 갖는 인간이 된다는 것은 참으로 어려운 일이다. 이를 위해서는 자신의 인격을 고상하고 완전하게 도야하지 않으면 안 되기 때문이다.

긍지에 찬 사람은 자신이 가장 고귀한 것에 상응하는 가치를 갖는다고 생각하기에 그에게는 외적인 선들 중에서는 오직 하나만이 관심의 대상이 된다. 그것은 바로 명예이다. 그는 훌륭한 사람들이 내리는 커다란 명예는 그에게 합당하거나 아니면 (그가 받아야 할 것에) 미치지 못하기 때문에 흔연히 받아들일 것이다. 미치지못한다고 하는 것은 최고의 탁월성을 갖춘 인간에게는 그에게 합당한 명예는 존재하지 않기 때문이다. 그럼에도 그는 사람들이 그 이상으로 더 가치 있는 것을 그에게 줄 수 없기 때문에 그들이 주는 명예를 받기는 할 것이다. 이에 대해서 만일 무가치한 인간들이 사소한 이유로 주는 명예라면 그는 그것을 전연 멸시하는 태도로 대할 것이다. 그것은 그의 진가에 합당한 것이 아니기 때문이다. 그의 명예를 손상시키려 하려는 행위에 대해서도 그는 똑같이 경멸하는 태도를 취할 것이다. 그것은 그에게는 근거 없는 모욕에 불과한 것이기 때문이다.

궁지에 차 있는 인간은 이렇게 명예에 관심을 갖지만 부, 권력 그리고 어떠한 종류의 성공과 실패에 대해서도 자신의 고귀한 품격에 적합하게 태도를 취할 것이다. 성공했다고 해도 그는 지나치게 기뻐하지 않을 것이며 실패했다고 해도 지나치게 슬퍼하지 않을 것이다. 왜냐하면 그에게는 사실 명예조차도 사소한 것이기 때문이다. 남들의 인정을 받고 안 받고에 좌우되는 것을, 다시 말해서 명예의 노예가 되는 것을 그의 고귀한 품격이 허용하지 않는다. 사람들은 명예를 획득하기 위해서 권력이나 부를 추구하지만, 명예조차도 사소한 것으로 생각하는 사람에게 다른 모든 것들은 어떠한 가치도 갖지 않는 것이다. 따라서 그들은 교만하게 보인다.

그는 삶에 필수적이거나 중요하지 않은 것을 갖고 있지 않다고 해서 한탄하거나 다른 사람들의 도움을 요청하지 않는다. 그러한 태도는 자신이 그러한 것을 중요시 하고 있다는 것을 의미할 것이기 때문이다. 그리고 그는 이익을 가져다주는 것보다는 어떠한 이익도 가져다주지 않을지라도 아름다운 것을 택한다. 왜냐하면 바로 그러한 태도가 내적으로 자족하는 인간에게 합당하기 때문이다.

긍지에 찬 인간은 약간의 일밖에 자신의 고귀함에 상응하는 것으로 생각하지 않기 때문에 사소한 일 때문에 위험에 뛰어든다든지 위험 자체를 좋아하는 사람은 아니지만, 위대한 것을 위해서라면 위험을 두려워하지 않는 사람이다. 그는 생존한다는 것을 절대적인 가치로 생각하지 않는 사람이기에 위험에 뛰어들지 않으면 안 될 때에는 생명을 아끼지 않는다. 그리고 그는 사람들이 명예를 겨루는 경우에나 다른 사람들이 최우위를 점하고 있는 경우에는 뛰어들지 않으며 높은 명예나 위대한 명분이 걸려 있는 경우가 아니면 조용히 지켜보는 자세를 취한다. 그는 좀처럼 어떤 일에 착수하지 않지만, 한다면 위대한 일을 행한다.

그는 다른 사람들에게 혜택을 주는 것을 좋아하며 그 자신이 혜택을 입을 때는 수치스럽게 생각한다. 왜냐하면 혜택을 준다는 것은 우월한 인간에 적합한 것이며 혜택을 받는 것은 열등한 인간에 적합한 것이기 때문이다. 그가 혜택을 입을 때 그는 더욱 많은 것을 가지고 보답한다. 이를 통해서 원래 혜택을 준 사람이 오히려 혜택을 더 많이 받은 것이 되고 그에게 빚을 진 셈이 되기 때문이다. 긍지에 찬 인간은 자신은 전혀 또는 거의 남의 도움을 청하지 않으면서도 기꺼이 다른 사람들을 돕는다.

긍지에 찬 인간은 높은 위치에 있는 사람들이나 부유한 사람들에게는 위엄 있는 태도를 취하지만 보통 사람들에게는 겸손한 태도를 취한다. 이는 전자에게 우월한 태도를 갖는다는 것은 곤란하며 당당한 일인 데 반해서 후자에게 우월한 태도를 갖는다는 것은 용이하기 때문이며, 전자에게 당당한 태도를 취하는 것은 천하지 않은 데 반해서 하층 사람들에게 그러한 태도를 취하는 것은 마치 약한 사람들에게 완력을 쓰는 것처럼 천하기 때문이다.

그는 자신의 증오와 사랑을 공공연히 표명한다. 왜냐하면 자신의 감정을 숨긴다는 것은 다른 사람들이 어떻게 생각할 것이냐 때문에 자신의 솔직함을 희생하는 비겁한 짓이기 때문이다.

그는 쉽게 찬탄하지 않는다. 그에게는 어떠한 것이나 위대하지 않기 때문이다.

그는 남의 소문을 말하지 않는다. 그는 자신에 대해서도 남에 대해서도 말하지 않는다. 그는 자기 자신에 대해서 찬양을 끌어내거나 다른 사람들이 격하되거나 하는 데에는 관심이 없기 때문이다. 동일한 근거로 그는 적에 대해서라도 나쁜 말을 하지 않는다. 위압을 나타내기 위해서 굳이 하는 경우는 별도이지만.

그는 뒤끝이 없다. 아무것도 잊어버리지 않는다는 것은 그의 본질에 합당하지 않다. 특히 불쾌한 일이 문제가 될 때 그는 그것을 간과해버린다.

긍지에 찬 인간의 발걸음은 조용하며 음성은 깊이가 있으며 말하는 것도 침착하다. 왜냐하면 소수의 사항밖에 소중하게 생각하지 않는 사람은 성급하지 않으며 또 어떠한 것도 크다고 생각하지 않는 사람은 흥분하는 일이 없기 때문이다. 이에 대해서 날카로운 고성과 빠른 발걸음은 바로 사소한 것들도 중시하는 그러한 신경질적인 긴장에서 비롯되는 것이다.

긍지에 찬 인간은 이상과 같은 사람이다."

## 고귀한 인간의 조건

어느 정도로 고상한가가 아니라 얼마나 오래 고상할 수 있는가가 고귀한 인간을 만든다.

《선악의 피안》

타인에게서 고귀한 점을 보려고 하지 않은 사람은 그만큼 더 예리하게 그 사람의 표면에 나타난 비천한 부분을 관찰한다. 그리고 그것으로 자기를 폭로하는 것이다.

《선악의 피안》

◆ 누구나 한번쯤은 고상한 생각이나 행동을 한 적이 있다. 그러나 지속적으로 고상한 생각과 행동을 한다는 것은 극히 어렵다. 고귀한 인간이란 고상한 생각과 행동이 습관이 된 사람이다.

그러한 사람은 사람들을 보더라도 항상 그 사람의 고상한 점을 보며 배우려고 한다. 그는 이를 통해서 자신을 단련하고 고양시키고자 하는 것이다. 이에 대해서 천박한 사람들은 사람들의 비천한 부분만을 보며 자신의 우월감을 충족시키는 데 바쁘다.

## 나폴레옹의 의미

오늘날 군거하는 유럽인은 마치 그들만이 허용될 수 있는 유일한 인간처럼 생각하고, 그들을 온화하고 끈기 있고 군중에게 유용하도록 만드는 여러 성질, 곧 공공심, 친절, 복종, 근면, 절도, 겸손, 관용, 동정을 참으로 인간적인 덕으로서 찬양한다. 그러나 오늘날 지도자와 선도자가 없어서는 안 될 경우에는 군거적 인간들을 소집해서 사령관의 대리 역할을 시키려는 시도가 거듭되고 있다. 예컨대 모든 대의제도의 기원은 여기에 있다. 그럼에도 불구하고 군거적 유럽인들에게는 절대적 지배자의 출현은 얼마나 큰 축복이며 감당하기 어려워진 중하로부터의 구제인가. 이러한 사실에 대해 나폴레옹의 출현이 끼친 영향은 최후의 거대한 증거였다. 나폴레옹이 지배한 시대는 이 세기 전체가 달성한 보다 높은 행복의 역사라고 할 수 있다.

《선악의 피안》

◆ 니체는 여기서 근대의 대의제도를 비판하고 있다. 이는 범용한 인간들로 하여금 지도자가 되게 하는 것이며 이들이 지도하는 한, 인간은 범용한 상태를 벗어날 수가 없기 때문이다. 이런 맥락에서 니체는 나폴레옹의 출현은 하나의 축복이었다고 보고 있다. 니체는 사람들이 나폴레옹의 영도 아래 가벼운 기분으로 공장을 떠나 싸움터로 나가는 사실에 주목했다. 그가 보기에 나폴레옹은 도살자가 아니라 은인이었다. 그는 사람들을 경제적 소모품으로 죽게 하지 않고 전사(戰士)의 영광 속에서 죽게 했다는 것이다. 사람들은 견딜 수 없이 단조로운 작업을 통해 백만 개의 단추를 만드는 것보다 전투의 위험을 더 좋아했기 때문에 나폴레옹의 깃

발 아래 몰려들었다고 니체는 생각한다. 사람들은 나폴레옹의 깃발 아래서 죽음을 불사했을 때 자신의 고양된 힘을 느꼈고 거기서 오히려 삶의 충만을 느꼈다는 것이다.

## 초인의 양성이 역사의 목표이다.

'인류'가 아니라 초인이 목표이다!

《힘에의 의지》

나는 인류(die Menschheit)가 아니라 인간(der Mensch)이라고 말하고 있다! 인류는 목적이라기보다는 오히려 수단이다. 중요한 것은 전형(Typus)이며 인류는 한갓 시험재료일 뿐이며 실패한 자들의 거대한 과잉상태이고 하나의 폐허이다.

《힘에의 의지》

나는 고귀한 사람과 비천한 사람이 있다는 것과, 단 한명의 개인도 어떤 상황에서는 수천 년 전체의 실존을 정당화할 수 있다는 것을 가르친다!

《힘에의 의지》

◆ 니체에 의하면 인류의 목표는 대중적인 행복의 실현에 있는 것이 아니라 전형으로서의 초인의 산출에 있다. 이러한 생각은

극단적인 엘리트주의에 입각한 비인도주의적이고 황당하기 그지 없는 생각으로 여겨질 수 있다. 그러나 우리가 우리 자신의 개인적 삶을 생각해 볼 때 그것은 그렇게 터무니없는 생각인 것만 같지는 않다.

우리는 자주 우리 자신의 삶에 대해서 환멸을 느낀다. 이러한 환멸은 물질적인 곤란에서만 비롯되는 것은 아니다. 물질적으로 충족되어 있어도 삶에 대한 극도의 불만과 환멸에 사로잡힐 수 있다. 이러한 불만과 환멸은 종종 우리를 자살 직전으로까지 몰아갈 정도로 심할 때가 있다. 이 경우에 우리 자신의 삶이 하나의 충만한 의미를 가질 수만 있다면 자신의 모든 것을 희생할 수 있을 것 같은 기분을 갖게 된다. 아니 그러한 충만한 순간이 주어지기만 한다면 자신이 그동안 겪은 모든 고통도 정당화될 것이라고 생각한다. 하나의 충만한 순간이 자신의 고통스런 삶을 정당화 할 수 있을 때가 있는 것이다.

이러한 생각을 인류 전체로 확장해 볼 수 있다. 대부분의 인류는 무의미하고 공허한 삶을 살다가 죽어간다. 니체의 표현을 빌리자면 대부분의 경우 우리는 최후의 인간으로 살다 죽는 것이다. 우리 자신을 포함한 이러한 군중을 보면서 우리는 니체 못지않게 역겨움을 느끼는 때가 있을 것이다. 이 경우 우리는 군중을 벗어나 우뚝 솟아 있는 훌륭한 인물을 기대한다. 우리가 본받을 수 있고 찬탄할 수 있는 어떤 인물을 기대하며 그러한 인간과의 만남을 통해서 우리의 삶이 전혀 새로운 의미를 갖게 될 것을 기대한다. 인류가 목표가 아니라 초인이 목표라는 니체의 말을 그렇게 이해한다면 그것은 결코 비인간적이고 기괴한 것이 아니라, 누구나 한 번쯤 가져보았을 생각을 극단적인 형식으로 표현했을 뿐이다.

## 진화나 진보가 보편적인 집단의 차원에서 일어난다는 생각에 대한 비판

나의 종합적인 견해—첫 번째 명제: 유(類)로서의 인간은 진보하지 않는다. 보다 높은 유형은 실현 가능하지만 그것은 지속적으로 유지되는 것은 아니다. 유의 수준은 향상되지 않는다.

두 번째 명제: 유로서의 인간은 동물들보다도 진보하지 않았다. 전체로서의 동물세계와 식물세계는 낮은 수준에서 높은 것으로 발전하지 않는다.

《힘에의 의지》

◆ 니체는 진화가 유나 종의 차원에서 일어난다는 다윈의 생각을 비판하고 있다. 니체에 따르면 유나 종이라는 보편적인 집단은 항상 범용을 낳을 뿐이다. 몇몇 고귀하고 드문 개체들이 종종 나타나지만 이들은 집단의 조직화된 본능에 의해서 항상 제거당할 위험에 처해 있다.

이러한 생각은 인류 역사의 진보를 주장하는 헤겔이나 마르크스식의 사상에 대한 비판이기도 하다. 니체는 전체로서의 인류는 진화하지도 개선되지도 않는다. 몇몇 소수의 탁월한 전형들이 나타날 수 있지만 그것은 범용한 다수에 의해서 항상 위협받는다.

## 근대민주주의 사회의 실상

우리의 사회학 전체는 군중의 본능, 즉 총화된 영(Null)의 본능 외에 다른 본능을 전혀 알지 못한다. … 그곳에서 모든 영은 '동일한 권리'를 가지며, 영이 된다는 것은 덕목이다.

《유고》

◆ 근대 계몽주의에 따르면 모든 인간은 선천적으로 존엄하며 동등한 권리를 갖고 태어났다. 그러나 니체에 따르면 인간의 존엄성이란 인간이 인간으로 태어나면서부터 부여되는 것이 아니라 오히려 성취되고 획득되어져 할 어떤 것이다. 인간이 본래 존엄하고 천부의 인권을 가지고 태어난다고 주장하는 계몽사상이란 인간에 대한 하나의 기만적인 아부에 불과하다. 아부란 어떠한 종류의 아부든 간에 인간을 고양시키는 것이 아니라 허영심만을 부추기고 현재의 저열한 상태에 자족하게 한다. 니체에게 인간은 무한한 극기를 통해서 자신을 고양시켜 나감으로써 비로소 존엄성을 갖게 된다.

인간이 천부적으로 존엄하다는 철학은 인간이 자신을 고양시켜야 한다는 과제를 망각케 하며 이를 통해서 인간을 연약하고 비천한 상태에 머물게 한다. 그것은 인간을 가장 위하는 척하면서도 오히려 인간들의 진화를 막는다. 그러한 철학은 인간을 신 앞에서 평등한 존재로 보는 기독교적인 인간관을 계승한 것이다. 그것은 기독교와 마찬가지로 연약하고 자신을 고양시킬 의지력이 약한 자들의 기만적인 허세와 자기연민을 정당화한다.

## 초인의 교육을 위하여

하나의 종이 형성되거나 하나의 유형이 정해지고 강화되는 것은 근본적으로 불리한 조건과의 오랜 투쟁을 통해서이다. 반면에 영양 과잉에다 과도한 보호와 배려를 받은 종은 곧 변형되며 기괴하고 기형적인 것들(기형적인 악덕까지 포함해서)을 낳기 쉽다는 사실을 우리는 사육자의 경험을 통해서 알고 있다.

《선악의 피안》

◆ 초인이 되기 위해서는 엄격한 훈련이 필요하다. "완성은 당연한 일로 강요되고 칭찬조차도 받지 못하고 즐거움은 적고 책임은 무거우며 육체는 묵묵히 고난을 참는 것을 배우고 의지는 복종과 동시에 명령하는 것을 배울 것이다." (윌 듀란트《철학이야기》에서)

# 05. 동정을 넘어서 원인애(遠人愛)로

## 이타적인 사랑의 실체

사람들은 때로는 자신의 이익을 버리면서 타인의 이익을 도모하기 때문에 자신들이 이타적이라고 믿는다. 그러나 그를 통해서 그들은 바로 타인을 소유하려는 것이다. … 사랑은 모든 감정 중 가장 이기적이다. 따라서 사랑은 배반당할 때 가장 관대하지 못하다.

《바그너의 경우》

◆ 진정으로 남을 사랑하는 자는 자신이 남에게 무엇인가를 주고 있다는 생각도 갖지 못한다. 그는 자신에게서 흘러넘치는 힘을 주체할 수 없어서 타인에게 흘러가도록 할 뿐이다. 그렇지 않고서 남을 사랑한다는 자는 항상 사실은 타인을 소유하고 지배함으로써 자신의 내적인 공허를 채우려는 자이다. 따라서 그는 상대방이 자신의 뜻대로 따르지 않을 때 자신이 타인에게 무엇인가를 아무런 대가 없이 빼앗겼다고 생각한다. 그는 상대방에게 배반당했다고 생각하며 그에게 원한을 품는다.

## 동정의 해악에 대해서

오늘 날 거의 유럽 전역에는 고통에 대한 병적인 민감성과 예민함이 …존재한다.

《선악의 피안》

인간 속에는 피조물과 창조자가 통일되어 있다. 인간 속에는 재료, 파편, 잉여, 점토, 오물, 무의미한 것과 혼돈이 있다. 그러나 또한 인간 속에는 창조자 · 형성자 · 해머의 냉혹함, 관조자인 신을 닮은 신성, 제7일이 있다. 그대들은 이 대립을 이해하는가? 그대들의 동정은 '인간 중의 피조물'에게만, 즉 형성되고 부서지고 단련되고 찢기고 불태워지고 가열되고 정화되어야 할 자에게만, 요컨대 필연적으로 괴로워하지 않을 수 없고 괴로워해야 할 자에게만 향해졌다는 사실을 그대들은 아는가?

《선악의 피안》

◆ 니체는 동정을 '지금 1세기 동안 점차 커가고 있는 유럽의 음울함과 추함'의 원인이라고 보고 있다. 근대인들은 기독교적인 정신을 이어받아 연약하고 실패한 자들에 대한 동정과 이웃사랑을 중요한 덕목으로 신봉하고 있다.

이러한 경향은 극히 인도적인 것으로 보이지만, 그것은 인간들을 허약하게 하고 타락시키며 급기야는 유럽문화의 몰락을 야기할 것이다. 니체는 인간들의 욕망과 요구를 다 들어주려고 하는 이타주의적인 동정이 오히려 그들이 제 발로 서고 독립적이며 강인한 인간이 될 수 있는 가능성을 저해하는 것으로서 보고 있다. 이러한 동정은 '단련되고 찢기고 불태워지고 가열되는 것을 통해서', 단적으로 말해서 '고통을 통해서' 정화되어야 할 자들로 하여금 자신의 열등한 상태에 그대로 안주하게 하는 결과를 낳는 것이다. 그것은 그들 내부의 창조자 · 형성자 · 해머의 냉혹함, 관조자인 신을 닮은 신성이 작용할 수 있는 기회를 제거한다.

동정은 연약한 인간들이 주창하는 덕이다. 연약한 인간들은 자신들의 불행의 원인을 사회나 자신의 출신배경과 같은 외적인 상황에서 찾으며 자신들의 불행에 대한 책임을 자신이 아니라 외부에 돌린다. 따라서 동정의 윤리에 입각한 근대사회는 인간들을 불행하게 만든다고 생각되는 외적인 조건들인 자연환경과 사회환경의 변화가 주창되는 사회이다. 그러나 자연환경과 사회환경은 많은 변화를 겪었지만 현대인들이 옛날 사람들보다 더 행복해진 것은 아니다. 물질적으로 풍요롭고 사회정의가 잘 구현된 선진국일수록 자살률도 높다는 것은 동정의 윤리에 입각한 근대사회가 무엇인가 잘못되어 있다는 것을 증명한다.

약한 자들은 자신들의 불행의 원인을 모두 외부에 돌리는 무책임한 자들이다. 이에 대해서 니체는 인간 행복의 원천은 의지의 강함에 있다고 본다. 인간은 자신의 행불행의 원인을 자기 자신에서 찾는 책임 있는 인간이 되지 않으면 안 된다. 이런 인간들로 구성된 사회만이 건강하고 강인한 사회가 된다. 이에 대해서 모든 책임을 외부에서 찾는 사회란 항상 불만과 불평에 사로잡혀 징징대는 어린애들의 사회이며 취약하고 병적인 사회에 지나지 않는다. 니체가 말하는 초인이나 강한 자란 자신의 힘을 자신의 멋대로 남용하는 무책임한 자들이 아니다. 오히려 이들은 모든 책임을 자신에게서 찾는 가장 책임감 있는 자들이다.

## 병약한 자와 죽어가는 자는 몰락하게 하라

의사들을 위한 도덕률—병약자는 사회의 기생충이다. 어떤 경우에는 삶을 부지해 가는 것이 남부끄러운 일일 수 있다. 사는 의미, 살 권리를 잃고 난 다음인데도 비겁하게 의사와 약에 의존함으로써 식물 인간의 삶을 부지한다는 것은 사회로부터 심한 경멸을 받아 마땅할 것이다. 의사들은 의사들대로 이 경멸을 전하는 역할을 맡아야 한다. … 더 이상 자랑스럽게 살 수 없을 때 자랑스럽게 죽는 것, 자신의 자유로운 선택에 의한 죽음, 제때에 명료한 의식과 즐거움을 가지고 자식들과 다른 사람들이 보는 가운데 이루어지는 죽음, 그리하여 떠날 사람이 아직 살아 있는 동안에 진짜 이별이 가능한 죽음, 또한 생전에 소망했던 것과 성취한 것에 대한 진짜 평가와 삶에 대한 총결산이 가능한 죽음—이 모든 것이 지금까지 죽음의 시간에 대해서 기독교가 연출해온 애처롭고 무시무시한 그 코미디와는 상반된다. … 따지고 보면 자연도 결국 '부자연사'의 하나이며 일종의 자살에 불과하다. 사람이란 자기 자신 외의 어느 누구에 의해서도 죽지 않는 것이다. 다만 자연사는 가장 경멸할만한 이유로 죽는 죽음이며, 부자연한 죽음, 제때가 아닌 죽음, 비겁자의 죽음이다. 삶을 사랑하는 자라면 이와는 달리 죽기를 바라야 할 것이다. 자유롭게, 의식을 가지고, 우연히가 아니고, 돌연히 들이닥쳐서가 아니고 말이다.

《우상의 황혼》

◆ 니체는 죽어가는 자와 병든 자에 대해서 냉정해질 것을 요구하고 있다. 한 사람이 더 이상 자신을 고양할 여지가 없을 경우에는 죽는 것이 낫다. 그렇지 않고 계속 연명하고자 하는 것은 구차한 일이며 비겁한 일이다. 연명에 대한 집착은 죽음에 대한 공포에서 비롯된다. 죽음 앞에서 비겁한 자들만이 연명에 집착한다.

근대사회는 병약한 자들, 죽어가는 자들에 대한 무한한 동정에 사로잡혀 있다.

이는 근대인들이 행복을 육체적인 쾌락과 동일시하기 때문이다. 병약한 자들과 죽어가는 자들은 제대로 육체적인 쾌락을 맛볼 수 없기에 불행하다는 것이다. 그러나 니체에게 행복이란 인간이 자신을 고양한 후에 맛보는 자긍심을 의미한다. 지금 이 순간에 죽는 자라 하더라도 자신의 고양에 대해서 무한한 긍지를 품고서 죽는 자는 행복한 것이다.

## 이웃사랑과 원인애(遠人愛)

그대들은 그대들 자신을 피하여 이웃으로 도망친다. 그리고 그것을 그대들의 덕으로 삼으려고 한다. 그러나 나는 그대들의 이타(利他)의 정체를 파악한다.

…

이웃에 대한 사랑보다도 훨씬 고귀한 사랑은 가장 먼 곳에 있는 자, 미래에 출현할 자에 대한 사랑이다. 우리 인간에 대한 사랑보다도 중요한 것은 사물과 눈에 보이지 않는 환영(초인의 이상)에 대한 사랑이다.

그대보다 앞서 걸어가는 환영, 그것은 우리의 형제이며 당신보다 아름다운 것이다. 왜 당신은 그것에 혈육의 정을 느끼지 않는가, 그러나 당신은 무서워서 이웃에게 달려간다.

그대들은 그대들 자신을 견디어 내지 못하노라. 또한 그대들 자신을 충분히 사랑하지 않는다. 그래서 그대들은 이웃을 사랑하라고 권유받고 또한 잘못된 이웃사랑의 권유로 자기자신을 도금하려고 한다.

…

그대들 자신에 대한 그대들의 나쁜 사랑은 고독을 그대들의 감옥으로 본다.

나는 너희들에게 이웃이 아니고 친구를 가르친다. 친구야말로, 너희들에게는 지상의 축제인 것처럼! 초인의 예감인 것처럼!

…

나는 그대들에게, 그 사람 속에 세계가 완성되어 있는 벗을, 선의 그릇을—항상 하나의 완성된 세계를 선사해야 하는 창조하는 벗을 가르친다.

《차라투스트라는 이렇게 말했다》

◆ 니체는 이웃사랑과 동정에 대해서 원인애(遠人愛)를 내세운다. 먼 미래에 출현할 고귀한 인간 전형으로서의 '초인'을 흠모하면서 이 '초인'의 이념을 스스로 실현하기 위해서 자기의 초극을

감행하는 것이야말로 진정한 자기애임과 동시에 참된 인류애라고 할 수 있다. 니체는 이웃사랑이 아니라 우정을 권유한다. 이웃사랑이란 연약한 자들이 서로 동정하고 연민해 가면서 서로 간의 상처를 위로하는 것이다. 이웃사랑은 서로를 강하게 하기보다는 서로를 현재의 연약한 상태에 머무르게 한다. 이에 대해서 진정한 우정이란 서로가 완성에 도달하도록 서로를 자극하고 채찍질하는 것이다.

### 자신을 사랑하는 자만이 남도 사랑할 수 있다.

인간은 자신을 굳게 의지하고, 두발로 용감히 서지 않으면 안 된다. 그렇지 못하면 사랑을 할 수 있는 능력이 없어지고 만다.

《이 사람을 보라》

사랑하도록 유혹한다. 자기 자신을 증오하는 자, 그런 사람을 우리는 경계하지 않으면 안 된다. 왜냐하면 그의 한과 복수의 제물로 우리가 희생될 것이기 때문이다. 그러므로 우리는 그를 유혹하여 자기 자신을 사랑하도록 하자!

《아침놀》

고귀한 자 역시 불행한 자를 돕기도 하는데 그것은 연민 때문이 아니라 넘쳐나는 힘에 의한 충동에서 나온 것이다. 고귀한 인간은 힘 있는 자로서 그리고 스스로를 제어할 힘을 가진 자로서 자신을 존경한다. 그리고 그는 말이 필요할 때와 침묵이 필요할 때를 알고 있으며 스스로를 가혹하고 엄격하게 대하는 데서 기쁨을 느끼며 모든 가혹함과 냉혹함을 존경한다.

《선악의 피안》

◆ 니체는 타인을 사랑하기 위한 조건을 자기애에서 찾고 있다. 사랑이 무엇인가를 상대방에게 주는 것이라면 내적으로 힘이 흘러넘쳐서 남에게 주어도 전혀 자신의 결핍을 느끼지 않을 사람만이 진정으로 남을 사랑할 수 있다. 그만이 무엇인가를 아낌없이 상대방에게 줄 수 있기 때문이다. 이러한 사람들은 자신의 충만함을 즐기고 자신에 대한 긍지를 갖는다. 이렇게 독립적이고 자신에 대해서 긍지를 갖지 않는 인간은 남을 사랑할 수 없다.

이에 대해서 자신을 혐오하는 자, 자신을 증오하는 자는 어떤 면에서는 자신을 혐오하기에 남을 가장 잘 사랑할 수 있을 것 같지만, 그가 자신을 혐오하고 증오하는 것은 내면적으로 결핍되어 있어서 자신에 대해서 불만을 가지고 있기 때문이다. 따라서 그는 아무리 많은 물질을 가지고 있어도 결핍을 느끼며 타인에게 무엇인가를 줄 때는 자신의 결핍도 그만큼 커진다고 생각한다. 따라서 그는 타인에게 무엇인가를 주고서 타인이 그만큼 보상을 하지 않게 되면 타인에게 그만큼 빼앗긴다고 생각하며 타인에 대해서 한과 원한을 품게 된다.

## 사디즘과 마조히즘으로서의 동정

우리가 어떤 사람이 고통 받는 것을 볼 때, 우리는 그것을 그를 소유하는 기회로 이용한다. 선행을 행하는 자와 고통 받는 자가 사실상 의도하는 것은 바로 그와 같은 것이다. 그들은 상대방을 소유하려는 욕망을 사랑이라고 부른다. 그리고 이렇게 상대방을 정복하는 데서 쾌감을 얻는다.

《즐거운 지식》

어떤 사람으로 하여금 동정을 표현하도록 만든다는 것은 약자와 고통 받는 자에게 하나의 위로가 된다. 이들은 자신들의 나약함에도 불구하고 최소한 여전히 하나의 힘—다른 사람의 마음을 아프게 하는 힘—을 갖는다는 것을 깨닫게 되는 것이다. 불행한 자는 자신이 남들의 동정을 불러일으킬 힘이 있다는 우월감 속에서 일종의 쾌감을 갖게 된다. 세계에 고통을 만들 수 있기에 그는 자신이 여전히 중요한 인물이라고 상상하게 된다.

《인간적인, 너무나 인간적인》

◆ 진정으로 내적인 충만에서 흘러나오는 사랑이 아니라면 타인에 대한 동정은 자신의 내적인 결여를 채우기 위한 일종의 소유욕이다. 아울러 동정을 기대하는 자 역시 상대방에게 아픔을 불러일으킴으로써 그 상대방을 소유하려고 한다.

니체는 우리가 일상적으로 주고받는 동정에서 일종의 사디즘과 마조히즘을 본다. 동정을 하는 자는 약한 자에 대한 진정한 사랑보다는 약한 자를 자신이 소유하고 지배하고 있다는 데서 쾌감을 느낀다. 동정을 받는 자 역시 동정하는 자로 하여금 자신을 동정하게끔 만들고 있다는 데서 쾌감을 느낀다. 서로를 동정하는 자들은 서로를 사랑하는 것 같지만, 이들은 사랑이란 가면을 쓰고 사실은 타인에 대한 지배를 추구하는 것이다. 이들은 타인에 대한 지배를 통해서 자신들의 내적인 공허를 채우고자 한다.

### 타인이 스스로 설 수 있도록 함께 도우라.

너에게 고통 받은 친구가 있다면 그의 고뇌에 휴식처가 되도록 하라. 그러나 딱딱한 침대, 야전침대가 되도록 하라. 그러면 너는 그에게 가장 큰 도움이 되리라.

《차라투스트라는 이렇게 말했다》

나는 동정해야만 할 경우에도 동정하는 자라는 소리를 듣고 싶지 않다. 만약 내가 그러한 자라면 멀리 떨어져서 동정하고 싶다.

《차라투스트라는 이렇게 말했다》

◆ 니체는 동정을 비판하고 있지만 타인에 대한 모든 관심마저 배격하는 것이 아니다. 오히려 니체는 타인에 대한 깊은 관심을 요구한다. 우리는 타인이 자율적이고 자립적인 인간이 될 수

있도록 돕지 않으면 안 된다. 이러한 관심이 결여된 동정이란 타인에 대한 소유에 지나지 않으며 그러한 동정을 통해서 자신이 선량한 인간이라고 느끼고 싶어 하는 자기도취에 지나지 않을 수 있다.

아울러 니체는 진정한 의미의 사랑은 냉철한 이성적 통찰을 필요로 한다고 말하고 있다. 진정한 사랑은 타인이 왜 독립적인 인간이 되지 못하고 있으며 그러한 상태를 어떻게 극복할 수 있을지에 대한 냉정한 통찰을 필요로 한다. 이성적 통찰이란 항상 거리와 초연함을 필요하기에 그는 아무리 어렵고 비참한 상황에 처해 있는 인간이라도 경우에 따라서는 준엄하게 꾸짖을 것이다.

## 동정은 소유욕에서 비롯된다.

일반적으로 남을 도와주기를 좋아하는 자비로운 사람들은 우선 자기의 도움을 필요로 하는 사람을 확보해 놓고 보자는 서투른 짓을 잘한다. 이들은 마치 어떤 사람이 도움을 '받을 처지에 있고' 마침 자기들에게 도움을 청하기라도 한 것처럼 행동한다. 그리고 그들은 도움 받는 사람이 자신들의 도움에 깊은 감사나 충성과 복종을 바칠 것이 틀림없으리라고 상상한다. 이러한 망상과 함께 그들은 그 곤궁한 사람을 자신의 소유물처럼 취급한다. 이는 그들이 원래부터 자비롭고 친절해서가 아니라 소유하려고 하는 갈망으로 가득한 자들이었기 때문이다. 만일 자기들이 어떤 사람을 도우려고 할 때 누군가 가로막거나 선수를 치기라도 하면 그들은 질투심에 어쩔 줄을 몰라 할 것이다.

《선악의 피안》

이웃의 불행으로 고무된다는 것. 그는 지금 불행하다. 그래서 '동정심을 가진 사람들이' 찾아와 그에게 그의 불행을 선명하게 묘사한다. 마침내 그들은 흡족해 하면서 고무되어 떠난다. 그들은 불행한 자의 불행을 즐기며 근사한 시간을 보낸 것이다.

《아침놀》

환자에게 충고하는 사람—환자에게 충고하는 사람은 환자가 그 충고를 받아들이든 거부하든 간에 그 환자에 대해서 우월감을 갖는다. 이 때문에 명민하고 자긍심이 강한 환자는 자기의 병보다는 충고하는 자들을 더 미워한다.

《인간적인, 너무나 인간적인》

◆ 누구나 한번쯤은 사실은 아무런 애정도 관심도 깃들어 있지 않은 값싼 충고에 역겨운 느낌을 가진 적이 있을 것이다. 상대방이 스스로 일어날 수 있도록 함께 고민하고 실질적으로 돕지 않는 모든 형태의 동정이나 충고는 사실은 동정과 충고라는 미명 하에 타인에 대해서 우월의식을 느끼고 상대방에 대한 지배와 소유를 즐기려는 것이다.

## 동정보다 동락(同樂 Mitfreude)이 더 중요하다.

나는 지금 소수인들이 이해하고 있는 것, 그리고 동정의 설교자가 전혀 이해할 수 없는 것을 그대에게 가르치고자 한다. 그것은 동락이다. 동정이 아니라 동락이 친구를 만든다.

《인간적인, 너무나 인간적인》

◆ 일상적으로 우리는 타인이 처한 불행에 대해서 동정심을 품기는 쉽지만 그가 기쁜 일을 맞았을 때 함께 기뻐하기는 힘들다. 타인이 불행에 처해 있을 때 우리는 상대방에 대한 우월의식 때문에 동정을 베푸는 것이 어렵지 않다. 이에 대해서 타인이 경사를 갖게 되었을 때 우리는 보통 타인에 대한 질시나 시기 때문에 함께 기뻐하기 힘들다.

동정은 누구나 쉽게 구현할 수 있는 덕이지만, 동락은 내적으로 이미 충만된 인간만이 구현할 수 있는 희귀한 덕이다. 이렇게 희귀한 덕을 가진 인간들 내에서만 진정한 우정과 사랑이 가능할 것이다.

# 06. 좋은 친구를 사귀는 자가 좋은 아내를 얻는다

— 우정과 결혼에 대해서

## 좋은 친구를 사귀는 자가 좋은 아내를 얻는다.

우정과 결혼—제일 좋은 친구가 되는 사람은 모름지기 제일 좋은 아내를 얻을 것이다. 좋은 결혼은 우정의 재능에 바탕을 두기 때문이다.

《인간적인, 너무나 인간적인》

◆ 우정이란 친구들이 서로를 자극하고 격려하는 것을 통하여 서로가 보다 높은 자기를 낳도록 돕는 것이다. 결혼이란 것도 이와 마찬가지이다. 결혼은 서로의 고양을 통하여 자신들보다 탁월한 새 생명을 낳는 것이다. 결혼과 우정은 본질적으로 같은 것이기 때문에 좋은 친구를 사귀는 자가 좋은 아내도 얻을 수 있다.

## 우정이란 무엇인가

나는 나 자신과의 대화에 너무 열중한다. 만약 한 사람의 친구도 없다면 어떻게 견딜 수 있겠는가? 은자에게 친구는 항시 제삼자이다. 제삼자는 두 사람의 대화가 깊이 가라앉는 것을 막아주는 코르크이다.

《차라투스트라는 이렇게 말했다》

자신의 친구 속에서 자신의 최선의 적을 가져야 한다. 그대와 친구와 적대할 때, 그대의 마음은 친구를 가장 가깝게 여겨야 한다.

《차라투스트라는 이렇게 말했다》

자기성찰—인간은 자신이 자신에 대해서 가하는 탐색과 공격에 대해서는 상당히 훌륭하게 방어한다. 인간은 자신의 외관보다 내면을 더 잘 알지 못하는 것이 보통이다. 자신의 요새는 접근할 수도 없고 볼 수조차도 없다. 친구와 적이 모반하여 그 자신을 비밀스런 통로로 유인해 주면 모를까.

《인간적인, 너무나 인간적인》

우리로 하여금 어떤 결실을 맺게 하지 않는 자는 확실히 우리에게는 있으나마나한 인간이다.

《차라투스트라는 이렇게 말했다》

◆ 인간이 오직 자신의 내면에 침잠할 경우에는 독단과 자기도취에 빠지기 쉽다. 친구의 비판은 나로 하여금 나를 냉철하게 반성하게 하고 자기 초극에의 길로 나아가도록 자극한다. 우정이란 이런 의미에서 친구에 대한 무조건적인 긍정이 아니라, 친구로 하여금 보다 더 큰 힘을 향해서 나아가도록 자극하고 채찍질하는 것이다. 이러한 인간관계만이 우리에게 무엇인가 새로운 결실을 맺도록 도와준다.

## 결혼에 대해서

그대는 어린애와 결혼을 원하고 있다. 그러나 나는 그대에게 묻는다. 그대는 어린애를 원해도 좋을만한 인간인가?

그대는 압도적인 승자, 자기를 극복한 자, 관능의 통치자, 그대의 덕의 지배자인가? 이렇게 나는 그대에게 묻는다.

혹은 그대의 이러한 소원은 짐승의 욕망 때문에 생긴 것이 아닌가? 혹은 고독감 때문인가? 혹은 자기 자신에 대한 불만 때문인가?

그대의 승리와 자유가 스스로 어린애를 갈망하기를 나는 바라고 있다. 그대는 그대의 승리와 해방을 위해서 살아있는 기념비를 세워야 한다.

그대는 그대를 넘어선 곳에 세워야 한다. 그러나 내가 보기에는 우선 그대 자신을 세워야겠구나. 육체도 영혼도 단정하게.

그대는 계속해서 그대 자신을 육성할 뿐 아니라 위로 뻗어 오르게 해야한다! 그러기 위해 결혼이라는 정원이 그대의 도움이 되기를!

그대는 보다 높은 육체를, 제1의 운동을, 스스로 돌아가는 수레바퀴를 창조해야 한다. 창조하는 자를 그대는 창조해야 한다.

창조한 자들보다 더 훌륭한 '한 사람'을 창조하려는 두 사람의 의지—이것을 나는 결혼이라고 부른다.

《차라투스트라는 이렇게 말했다》

◆ 니체는 결혼의 참된 의미를 설파하고 있다. 결혼은 자신들보다 훌륭한 인간을 창조하기 위한 두 사람의 결합이다. 따라서 결혼은 삶에 대해서 느끼는 불만과 고독감으로부터 도피하기 위해서나 욕정을 해소하기 위한 수단이 되어서는 안 된다. 자신을 지배하고 자신을 초극할 수 있는 자만이 결혼할 자격이 있다. 이러한 자들만이 자신들보다 보다 높은 인간을 창조할 수 있기 때문이다.

## 친구를 갖기 위해서는?

그대는 노예인가? 그렇다면 친구가 될 수 없다. 그대는 폭군인가? 그렇다면 그대는 친구를 가질 수 없다.

◆ 노예는 어떠한 주체성도 없이 다른 사람에게 복종한다. 따라서 그는 자신뿐 아니라 다른 인간에게 삶의 새로운 가능성을 열어줄 수 없다. 따라서 그는 친구, 즉 상대방의 성장을 도울 수 있는 인간이 될 수 없다. 이에 대해서 폭군은 자신의 독단에 사로잡혀 있는 자이며 어떠한 비판도 수용하지 않으려는 자이다. 그는 자신을 비판하는 친구를 거부하며 오직 복종하는 인간만을 필요로 한다. 그는 다른 사람들이 자신에게 복종하는 데서 기쁨을 느끼며 복종하지 않으면 불안과 공포를 느낀다. 그의 기쁨은 자신의 내적인 충만에서 우러나는 것이 아니라 다른 인간들의 복종에 의

존하는 것이기에 그는 복종하는 인간들에게 예속되어 있다.

노예와 주인 사이에는 사디즘과 마조히즘적인 관계가 있을 뿐이며 거기에는 서로에 대한 두려움과 불신 그리고 증오가 지배하고 있다. 노예가 주인에게 복종하고 주인을 두려워하며 주인에게 예속되어 있듯이 주인은 노예가 독립적인 인간이 될까 봐 두려워한다. 이에 대해서 진정한 친구들 간에는 서로를 고양시키고 상대방이 보다 독립적인 인간이 될 수 있도록 도우려는 관심과 애정이 지배한다. 니체는 진정한 의미에서 인간들 간의 연대를 회복하고자 한다. 그러한 연대는 독립인들의 연대이다.

# 07. 예술은 삶의 위대한 자극제다

—예술에 대해서

## 예술은 왜 필요한가?

예술, 나아가 예술 이외의 아무것도 없다! 예술은 삶을 가능하게 하는 위대한 형성자요, 삶으로 이끄는 위대한 유혹자요, 삶의 위대한 자극제이다.

《힘에의 의지》

예술은 진리보다도 더 한층 가치가 있다.

《힘에의 의지》

◆ 과학은 인간의 생존을 위한 도구일 뿐 인간을 고양시키기 위한 가치를 창조할 수 없다. 힘에의 의지가 궁극적으로 목표하는 것이 자신의 유지가 아니라 고양인 한, 예술은 과학적 진리와 인식보다 더 높은 지위를 갖는다. 과학적 진리는 하나의 필수적인 가치이지만 궁극적인 가치는 아니다.

생은 자신을 단지 유지하는 데 그치지 않는다. 안정된 생활공간의 확보는 생의 궁극적인 목표가 아니며 생의 고양을 위한 수단일 뿐이다. 생은 하나의 생활공간을 확보했으면 필연적으로 보다 크고 보다 높은 생활공간을 지향하게 된다. 이는 힘에의 의지 자체가 갖는 하나의 근본법칙이다. 이를 위해서는 생은 한갓 생의 확보를 위한 전망을 넘어서 보다 높은 가능성과 과제를 제시하는 전망을 필요로 한다. 이러한 원근법적 전망들은 과학보다는 '예술'을 통해서 열린다.

예술을 통해서만 실존은 정당화된다.

다만 미학적 현상으로서만 세계와 인간의 실존은 영원히 정당화된다.

《비극의 탄생》

진리는 추악하다. 진리 때문에 망하지 않기 위해서 우리는 예술을 갖는 것이다.

《힘에의 의지》

◆ 진리는 추악하다. 우리가 삶을 그야말로 객관적으로 관찰할 경우 생은 비참하다. 생은 생노병사의 고통으로 가득 차 있다. 진리의 관점에서 볼 경우 생은 어차피 죽음으로 끝나는 무의미한 노고에 불과하고 그러한 생 앞에서 우리는 절망하지 않을 수 없다. 진리의 관점에서 보자면 '차라리 태어나지 않는 것이 가장 행복하다.'

이러한 절망으로부터 우리를 구해내는 것이 예술이다. 예술은 삶을 변용시킴으로써 삶을 살만한 가치가 있는 것으로 만든다. 니체에게 예술은 삶의 부속물이 아니며 아리스토텔레스가 말하는 것처럼 단순히 '행위의 모방'도 아니다. 그것은 삶을 총체적으로 새롭게 창조하는 것이다.

## 예술은 삶을 긍정한다.

예술의 본질적인 점은 존재를 완성한다는 사실이다. 그것은 완전성과 충실을 산출한다. 예술은 본질적으로 존재의 긍정이고 축복이며 존재를 신성하게 하는 것이다.

염세적인 예술이란 무엇인가? 그것은 자기 모순이 아닌가? 그렇다, 모순이다. 쇼펜하우어가 어떤 종류의 예술작품을 염세주의에 이용했을 때 그는 잘못을 저질렀다. 비극은 '체념' 같은 것을 설교하지 않는다. 무서운 것, 문제성을 띤 것을 표현하는 일은 예술이 갖는 힘과 지배력의 본능에서 비롯된다. 예술가는 그것을 두려워하고 있지 않다.

염세적인 예술은 존재하지 않는다. — 예술은 긍정한다.

《힘에의 의지》

◆ 예술은 무서운 것, 문제적인 것들을 인간이 자신을 고양시키기 위한 필연적인 계기로서 승화한다. 예술이 추구하는 아름다움은 비극적인 아름다움이다. 이런 의미에서 니체는 비극이야말로 진정한 예술이라고 본다.

진정한 예술은 인간 현실의 고통과 간난을 은폐하지 않고 인간을 오히려 극도의 고통과 간난(艱難) 앞에 직면시킨다. 이를 통해서 그것은 고통스런 운명을 흔쾌히 긍정하는 강한 인간을 육성하려고 한다.

## 예술의 비논리적인 성격이 갖는 의미

비논리는 필수 불가결하다—비논리가 인간에게 필요하며 비논리에서 좋은 것이 많이 생성된다는 인식은 사유하는 사람을 절망으로 몰아넣을 수 도 있을 것이다. 비논리는 정열, 언어, 예술, 종교, 그리고 그 밖의 생의 가치를 부여하는 모든 것 속에 거의 확고하게 박혀 있어서, 그런 아름다운 것들을 구제할 수 없을 만큼 훼손하지 않고는 그것을 제거할 수 없다. 극히 순진한 사람만이 인간 본성이 순전히 논리적으로 변화할 수 있다고 믿는다.

《인간적인, 너무나 인간적인》

◆ 우리는 논리적인 설득을 통해서 한 인간을 변화시킬 수는 없다. 악을 저지르는 자도 그것이 악이라는 것을 몰라서 저지르는 자는 없을 것이다. 그를 논리적으로 설복시킨다는 것은 불가능하다. 논리적 사유를 기본으로 하는 모든 학문은 인간의 심성을 변화시킬 수 없다. 논리학, 수학, 물리학, 경제학 등 모든 학문은 악인이든 선인이든 성인이든 강도든 누구나 할 수 있다. 그러나 바흐의 마태 수난곡과 같은 음악을 강도의 마음을 갖고서 이해할 수는 없다. 또한 마태 수난곡을 듣고 감명을 받은 인간은 그 음악을 통하여 변화를 겪는다. 인간의 논리적인 의식이란 인간의 표면에 불과한 것이기에 모든 논리적인 작업은 인간의 표면에만 영향을 미칠 수 있을 뿐이다. 인간의 심층에까지 변화를 일으키기 위해서는 논리를 뛰어넘을 것이 요구된다.

## 예술의 다양한 형태들

예컨대 육체, 조직(프러시아의 장교단, 예수회)과 같이 예술가 없이 나타나는 예술작품이 있다. 어떤 의미에서 예술가가 만들어 내는 예술작품은 단지 그러한 것의 전단계일 뿐이다. 자기 자신을 낳는 예술 작품으로서의 세계.

《힘에의 의지》

◆ 니체가 예술이라고 말할 경우에는 예술가에 의해서 창조된 예술작품만을 염두에 두는 것은 아니다. 그는 예술이란 용어를 극히 포괄적인 의미로 사용하고 있다.

니체는 인간의 삶에 새로운 형태와 의미를 부여하는 종교조직이나 정치조직도 하나의 예술작품으로서 보고 있는 것이다.

## 아름다움이란 무엇인가

인간 이외에 아름다운 것은 아무것도 없다. 이러한 소박한 생각에 모든 미학이 기초하고 있으며 그것이 미학의 첫 번째 진리이다. 우리는 그것에 다음과 같은 두 번째 진리를 더해보자. 퇴락한 인간 이외에는 아무것도 추하지 않다. 이를 통해서 미적 판단의 척도가 확정된다. 생리학적으로 고찰해 볼 때 모든 추한 것은 인간을 약화시키고 인간의 마음을 어둡게 한다. 그것은 쇠퇴, 위험,

무력함을 상기시킨다. 사실 인간은 그러한 것들 앞에서 힘을 상실한다. 추한 것이 갖는 영향을 우리는 검력기(檢力器)로 측정할 수 있다.

어떤 식으로든 우울한 기분이 들 때마다 인간은 무언가 '추한' 것이 가까이 있다는 사실을 감지하게 된다.

힘의 느낌, 힘에의 의지, 용기, 긍지—그것들은 추함과 더불어 하강하며 아름다움과 함께 상승한다. … 추함의 경우에도 아름다움의 경우에도 우리는 하나의 추론을 행한다. 우리는 본능적으로 추론을 행하는 것이다. 추함은 퇴락의 표시이자 징후로서 이해된다. 어렴풋하게라도 퇴락을 상기시키는 것은 우리에게 '추하다'는 판단을 불러일으킨다. 탈진, 묵지근함, 노쇠함, 피로의 모든 징표, 경련이든 마비든 모든 종류의 부자유 그리고 무엇보다도 해체와 와해의 냄새나 색깔, 모양은 그것들이 단순한 상징 정도로 약화된 형태로 나타나더라도 한결같은 반응, 즉 '추하다'는 가치판단을 일으킨다. 그 경우 인간은 무엇을 증오하는가? 의심할 여지없이 대답은 '인간이란 유형의 쇠퇴'를 증오하는 것이다. 그때 인간은 인류가 갖는 가장 깊은 본능으로부터 증오하게 된다. 이 증오에는 전율, 신중함, 심원함, 멀리 내다봄이 들어 있다. 그것은 존재하는 가장 깊은 증오이다. 예술이 심오한 것은 바로 그 때문이다.

《우상의 황혼》

◆ 니체는 여기서 미학을 힘에의 의지의 형이상학에 입각하여 새롭게 정초하고 있다. 아름다운 것은 힘을 상승시키는 것인 반면

에 추한 것이란 힘을 약화시키는 것이다. 아름다움이란 외적인 조형미가 아니라 충일하는 생명력이다. 니체는 전통적인 미학이 인간을 가장 아름다운 존재로 보고 있다고 생각한다. 그러나 그는 이러한 전통적인 미학의 생각에 모든 인간이 다 아름다운 것이 아니고 오히려 퇴락하고 있는 인간은 가장 추한 것이라는 제한을 덧붙이고 있다. 이에 대해서 힘이 넘치는 인간만이 가장 아름답다. 인간은 가장 추할 수도 있고 가장 아름다울 수도 있는 것이다.

니체는 이러한 추함과 아름다움을 판단하는 인간의 능력이 인간의 지성에 존재하는 것이 아니라 본능에 존재한다고 본다. 우리는 우리를 약화시키거나 영락하게 하는 것에 대해서는 본능적으로 추하다고 판단을 내린다. 그러한 판단은 의식적이고 반성적인 사유에 의해서 매개되지 않는 직접적인 판단이다. 그것은 두뇌에서 이루어지는 판단이 아니고 본능차원에서 이루어지는 것이기에 인격 전체의 반응을 수반한다. 우리는 추한 것에 대해서는 증오하게 되고 이맛살을 찌푸리며 혐오감을 갖게 된다. 그러한 판단이 지성보다는 본능에 뿌리박고 있다고 하여 그것이 부정확하거나 척도가 없는 것은 아니다. 오히려 그것은 독자적인 신중함과 심원함 그리고 추한 것이 장차 가질 수 있는 영향력과 의미에 대한 예견력을 갖는다. 이러한 의미에서 니체는 아름다움에 대한 인간의 예민한 감각이 표출된 예술에서 가장 심원한 판단을 보는 것이다. 이러한 '삶의 느낌(Lebensgefühl)'이 그에게는 합리적 논증보다 더 근본적인 판단이다. 합리적 논증이란 삶의 느낌이 내리는 판단을 합리화하는 것에 불과하다.

# 08. 순수학문은 삶으로부터의 도피다

— 학문과 교육에 대해서

## 진리란 무엇인가

진리는 어떤 특정한 종류의 생물(즉 인간)이 그것 없이는 살 수 없는 오류이다. 생을 위한 가치가 어떤 관념의 진위를 궁극적으로 결정한다.

《힘에의 의지》

◆ 우리는 보통 실재 자체가 우리와 상관 없이 객관적으로 존재하며 우리가 우리의 인식작용을 통해서 그러한 실재를 드러낸다고 생각한다. 그러나 인식작용을 통해서 인식된 것이 실재 자체를 드러내는지는 의심스럽다. 왜냐하면 실재하는 모든 것은 하나의 생성이기 때문이다. 인식작용이 사태를 확정하는 것인 한 그것은 생성을 구속하며 생성하는 것을 그것이 있는 그대로가 아니라 정지 상태에서 보여준다. 인식작용은 오직 실재의 가상만을 제시할 뿐이다. 우리가 진리를 실재 자체를 있는 그대로 보여주는 것이라고 생각한다면 모든 인식은 진리가 아니라 오직 오류를 낳을 뿐이다.

니체는 진리와 오류라는 개념을 전통적인 철학과는 전적으로 달리 해석한다. 어떤 인식은 실재와 부합되기 때문에 진리가 아니라 우리의 삶의 유지와 강화에 기여하기 때문에 진리이다. 오류 역시 그것이 실재와 부합되지 않기 때문이 아니라 삶의 유지와 강화에 기여하지 못하기 때문에 오류이다. 진리란 우리가 우리의 힘을 보존하고 강화하기 위해서 이용하는 도구에 불과하다.

## 순수학문과 순수예술은 삶으로부터의 도피이다.

의지의 마비—오늘날 이런 불구자가 없는 곳이 어디 있겠는가! 또한 얼마나 모양을 내고 있는가! 얼마나 유혹적으로 몸치장을 하고 있는가? 이런 병은 지극히 아름다운 화려한 의상과 속임수의 의상을 입고 있다. 오늘날 '객관성'이나 '과학성', '예술을 위한 예술' 혹은 '의지를 떠난 순수의식' 등등 진열장에 나와 있는 대부분의 것들은 이러한 회의와 마비된 의지를 장식한 것에 불과하다.

《선악의 피안》

◆ 니체에게는 모든 학문과 그것들이 발굴하는 진리는 사실은 힘에의 의지가 자신을 유지 내지 고양하기 위해서 사용하는 수단이다. 순수학문 역시 그러한 순수학문을 추구하는 자에게는 하나의 수단에 불과하다. 그것은 힘에의 의지가 퇴락하여 현실과 적극적으로 대결하는 것을 회피하는 자가 자신의 유지를 위해서 행하는 유희이다. 순수학문이란 무력함의 징후이다. 지식을 위한 지식은, 예술을 위한 예술을 주창하는 순수예술과 마찬가지로 현실로부터 도피하려는 시도에 불과하다. 그는 순수 지식의 추구를 통하여 현실의 고통과 어려움을 잊고자 한다.

아울러 그는 순수학문을 추구한다는 고상한 가면 아래 자신의 연약한 생명력을 은폐하고 자신의 자존심을 고수할 수 있다. 전통적인 형이상학이나 기독교의 신봉자들은 사실 자신들의 힘에의 의지가 쇠퇴해 있는 결과 그러한 이념들에 귀의하고 있음에도 그러한 사실을 솔직하게 인정하지 않고 자신들이 선하고 고상한 인간이기 때문에 그러한 이념들에 귀의한다고 생각한다. 바로 그들과 마찬가지로 순수학문이나 순수예술의 주창자들은 사실은 힘이 퇴락한 자들에 불과하면서도 자신들을 고상한 학문과 예술의 수호자로 자처한다.

니체가 가장 혐오했던 자들이 바로 이렇게 자신을 기만하는 자들이었다. 니체는 힘에의 의지가 현재 약한 상태로 있는 것 자체를 비난하지는 않는다. 힘에의 의지가 현재 약한 상태에 있더라도 자신이 현재 그렇게 약하다는 것을 솔직하게 인정하고 자신을 강화시켜 나갈 것을 니체는 요구하는 것이다. 그러나 자신들의 힘에의 의지가 현재 약한 상태에 있다는 사실을 인정하지 않고 오히려 자신들을 고상하고 선한 인간으로 자처하는 자들을 니체는 통렬하게 비판한다. 이들은 자신을 기만하는 것에 의해서 자신을 고양시킬 수 있는 기회를 포기할 뿐 아니라, 자신들의 가치관을 자신보다도 강한 인간들에게마저 강요함으로써 인간들의 전체적인 생명력을 저하시키기 때문이다. 니체가 가장 싫어하던 것이 자기기만이고 가장 소중하게 여긴 덕이 자신에 대한 진실이었던 것은 바로 자신에 대한 솔직함과 진실함만이 인간이 자신을 고양하기 위해서 노력하는 것을 가능케 하기 때문이었다.

순수학문을 추구하는 당시의 풍조에 대한 니체의 이러한 비판에서 우리는 니체가 자신의 힘에의 의지의 철학을 얼마나 철저하게 관철하고 있는지를 볼 수 있다. 니체는 인간이 행하는 모든 이론적, 실천적 행위에서 그것이 힘에의 의지가 약화된 데서 비롯된 것인지 아닌지를 예민하게 감지해낸다.

## 인식이란 무엇인가

'인식'의 의미. 즉, 인식은 '선'이나 '미'와 마찬가지로 엄밀하게 좁은 의미에서 인간 중심적으로 또한 생물학적으로 풀이되지 않으면 안 된다. 어떤 종이 자신을 보존하면서 자신의 힘을 증대시키기 위해서, 그것은 그 실재에서 계산가능한 불변의 법칙을 포착하고 있지 않으면 안 된다. 그러한 불변의 법칙에 기초하는 것을 통해서만 그러한 종이 세계 안에서 취할 태도의 모형이 구성되는 것이다. 객관적인 진리를 인식하려는 추상적이고 이론적인 욕구가 아니라 자기보존과 자신의 강화를 위한 충동이 인식 기관의 발달을 가능하게 하는 근본 동인이다.

《힘에의 의지》

◆ 니체는 인식이란 현상은 생물학적으로 해석되어야 한다고 말하고 있다. 인식은 세계를 있는 그대로 알고 싶어 하는 보편적 이성의 추상적 · 이론적인 욕구에서 비롯되는 것이 아니라 자기보존욕구로부터 비롯된 것이다. 인식은 인간이란 하나의 생물학적인 종이 자신을 유지하기 위해서 변화무쌍한 세계를 계산가능한 불변의 법칙들로 정리하는 것이다. 이러한 법칙에 대한 파악을 통

해서 인간은 실재를 지배하고 우리 인간에 봉사하게 할 수 있는 것이다. 예를 들어서 비가 내리는 원리를 우리가 알고 있을 경우에 우리는 그것을 우리에게 유리하게 이용할 수 있다.

니체는 인식기관의 진화에 대해서 말하고 있다. 우리의 인식기관은 우리의 자기보존에 유리한 방식으로 진화한다는 것이다. 여기서 니체는 '기린의 목은 높은 나무의 잎을 따서 먹으려다 보니 길어졌다'는 식의 용불용설(用不用說)을 내세운 라마르크의 진화론에 따르고 있다.

## 객관적인 해석이란 존재하지 않으며 모든 해석은 주관적이다.

객관성이란 이해관계를 떠난 사유가 아니다. … 모든 것은 단지 하나의 관점에 입각한 '앎'일 따름이다. … 하나의 대상을 보기 위해서 보다 많은 다양한 눈을 사용할수록 그 대상에 대한 우리의 '개념'과 '객관성'은 보다 완벽해질 것이다.

《도덕의 계보》

판단이 잘못되었다고 해서 반드시 판단을 반대할 이유는 없다. … 문제는 그것이 얼마나 우리의 삶을 보존하며 증진시키고 종족을 보전하고 향상시킬 수 있는냐에 달려 있다. … 거짓을 삶의 조건으로서 인식하는 것—그것은 관습화된 가치에 위험을 무릅쓰고 저항하는 것이다. 이러한 모험을 감수하는 철학은 그 사실 자체만으로도 이미 선악의 피안에 선다.

《선악의 피안》

현상에 머물면서 '사실들만이 있을 뿐'이라고 주장하는 실증주의에 반대해서: 나는 그렇게 생각하지 않는다. 사실들은 존재하지 않는다. '해석들'만이 존재한다. 우리는 사실 '자체'를 확인할 수 없다. 그런 어떤 것을 원하는 것, 그것은 아마도 일종의 난센스일 것이다.

《힘에의 의지》

◆ 니체는 세계에 대한 유일하게 타당하고 객관적인 파악은 존재하지 않으며 세계에 대한 다양한 해석만이 존재한다고 생각한다. 세계 해석의 진위는 세계 자체와의 대비에 의해서가 아니라 그 세계 해석이 얼마나 우리의 힘을 증진시키고 보존하고 종족을 보전하고 향상시키느냐에 달려 있다.

예를 들어서 근대의 자연과학이라는 것도 사실들 그 자체에 대한 탐구가 아니라 자연에 대한 하나의 해석일 뿐이다. 자연과학자들은 실험과 정밀한 수리적 방법에 의해 자연을 파악하기 때문에 사실 자체에 가장 충실한 것처럼 보이지만 근대의 자연과학 자체는 자연에 대한 하나의 추상화, 정형화에 지나지 않는다. 그것은 변화무쌍하고 다양성에 가득차 있는 실재의 세계를 일반적이고 계산가능한 인과법칙에 따라서 움직이는 세계로 환원시키는 것이다. 근대 자연과학의 진리는 그것이 세계를 있는 그대로 반영

한다는 데에 있는 것이 아니라 자연을 정복하고 지배하는 것을 가능하게 함으로써 삶의 유지와 강화에 도움이 된다는 데에 있다.

## 속물적인 교양에 대한 비판

배고프지도 않은데 욕구에 반해서 지나치게 받아들인 지식은 이제 더 이상 외부를 변형시킬 수 있는 힘이 없으며, 현대인이 이상한 자부심과 함께 현대인 특유의 '내면성'이라고 부르고 있는 혼돈된 내면세계 속에 숨어 있는 채로 있다. 내용은 있는데 그것의 형식이 결여되어 있다고 말할 수도 있으리라. 그러나 모든 생물에서 이러한 대립은 있을 수 없다. … 우리의 현대적 교양은 살아 있는 것이 아니다. 다시 말하면 그것은 전혀 실제적 교양이 아니고 단지 일종의 교양을 위한 지식에 불과하다. 그것은 교양의 느낌에 머물러 있을 뿐, 그로부터는 어떠한 결단도 나오지 않는다.

《반시대적 고찰》

선택이 없는 인식 충동은 선택이 없는 성충동과 흡사하다. ― 이 두 가지는 천박함의 징표이다.

《유고》

◆ 니체는 근대적 교양이 성숙한 삶을 도야하는 데 도움이 되는 것이 아니라 이론적인 지식들을 쌓는 것으로 전락했다고 본다.

사람들을 '살아있는 백과사전'으로 만드는 근대적 교양은 인격의 성숙이나 도덕적 기품의 배양 그리고 자아실현에 기여하는 것이 아니라 사람들을 교양속물이 되게 할 뿐이다. 사람들은 자신 안에 무수한 지식들을 수용하지만 그것들에 하나의 질서와 형태를 부여하는 능력은 결여하고 있다. 현대인들은 복잡다단한 현실과의 적극적인 대결을 통하여 힘에의 의지를 적극적으로 구현하려고 하지 않고 지식과 교양을 쌓는다는 것을 명분으로 하여 자신의 내면으로 도피한다. 현대인들은 잡다한 지식으로 가득찬 혼돈된 내면세계을 풍요로운 세계로 착각하면서 거기에 숨어 있으려고 하는 것이다.

니체는 학문도 삶에 봉사해야만 한다고 생각한다. 학문을 위한 학문이나 교양을 위한 교양은 자신을 현명한 자로 착각하면서 자신의 삶을 변화시키기 위한 어떠한 결단도 불필요하다고 자만하는 인간만을 형성할 뿐이다.

그런데 지식에 대한 맹목적인 추구는 니체 자신에게도 강하게 존재했던 성향이었고 니체는 자신의 이러한 성향에 대해서 항상 경계했다. 슐포르타 김나지움을 졸업하기 직전에 쓴《나의 생애》라는 단문에서 니체는 이렇게 쓰고 있다.

"부친의 죽음은 한편으로는 장래의 생활에 대한 아버지의 원조와 지도를 나로부터 빼앗고 다른 한편으로는 명상적인 성격을 나의 영혼 속에 심어 주었다. 이후의 나의 생활은 남의 눈에 의해 감시당하지 않았기 때문에 나는 호기심에 차서 다양한 교양 소재를 찾아 모으려는 병적인 욕망을 갖게 되었다.

슐포르타에서도 나는 수학을 제외하면 여러 가지에 흥미를 느꼈다. 그렇지만 얼마 안 되어 나는 지식의 여러가지 영역을 무계획하게 탐색하는 데에 혐오감을 갖게 되었다. … 지금 대학에 가려는 이때, 나는 나의 장래 학문 생활을 위해서 지켜야 할 철칙으로서 다음 두 가지 원칙을 나 자신에게 부과할 생각이다. 그 첫째는, 얄팍한 박식에의 성향을 끊어버리고, 둘째는 하나 하나를 근저에 이르기까지 파악하려는 성향을 육성하려는 것이다."

## 지식은 통제되어야 한다.

내가 결코 알고 싶지 않은 많은 것들이 있다. 지혜는 아는 일에도 한계를 그을 줄 안다.

《우상의 황혼》

우리가 오늘날 실천하고 있는 것과 같은 과학이 가능하다는 사실은, 삶을 보호하는 기본적인 본능들이 그 기능을 멈추었다는 사실을 증명한다.

《힘에의 의지》

◆ 니체는 '인간이 진리와 지식의 종이 되어야 하는 것이 아니라 진리와 지식이 인간의 노예가 되어야 한다'고 주장한다. 이런 의미에서 니체는 지혜와 지식을 구별한다. 지혜에는 맹목적인 지

식의 추구를 제한할 줄 능력이 속한다. 지식 그 자체만을 끝없이 추구하는 것은 삶의 본능이 퇴락했다는 사실을 의미한다. 그것은 다양한 정보의 취사선택을 통해서 현실과 대결하려는 적극적인 의지의 결여에서 비롯된다. 니체는 특히 잡다한 역사적 사실들만을 수집하는 당대의 실증주의적인 역사학에서 그러한 삶의 퇴락을 보았다.

## 우리는 잊어버릴 줄 알아야 한다.

대화

A: 내가 아팠던가? 회복되었나?
누가 나의 의사였지?
어떻게 내가 모두 잊어버렸단 말인가!

B: 지금에야 비로소 네가 완전히 치유된 것 같다.
왜냐하면 잊어버린 자는 건강한 것이므로.

《즐거운 지식》

◆ 현대인들은 기억과 지식을 지나치게 중시하고 있다. 사람들은 '아는 것이 힘'이라고 말한다. 우리는 가능한 한 많은 것을 배우려 하고 가능한 한 많은 것을 기억하려 한다. 그렇다고 하여 우리의 삶은 행복해지지도 건강해지지도 않는데 말이다. 니체는 오

히려 망각을 가르친다. 망각하는 자야말로 건강한 정신으로 생명력에 가득 찬 것을 창조할 수 있다. 가능한 한 많은 것을 기억하려는 자는 그 기억의 무게에 눌려서 아무것도 창조하지 못한다.

### 근대학문은 퇴폐적이다.

모든 문학적 데카당스의 특징은 무엇인가? 그것은 책 전체에 생이 깃들어 있지 않다는 것이다. 각각의 낱말은 따로 놀고 통일된 문장을 형성하지 못하고 있으며 문장은 책 전체에서 벗어나 있어서 그 의미가 모호하다. 오히려 전체를 무시해야만 각 지면은 조금이라도 이해될 것 같다. 전체는 더 이상 전체가 아니다. 이것이 바로 모든 데카당스의 스타일이다. 그것에는 혼란스런 무정부 상태가 지배하고 있다.

《바그너의 경우》

근대의 역사기술이 목표하는 최고의 것은 거울이 되는 것이다. 그것은 모든 목적론을 거부한다. 그것은 더 이상 '증명하려고' 하지 않는다. 그것은 심판관의 역할을 맡기를 싫어하며 더 나아가 바로 이것이야말로 자신의 장점이라고 생각한다. 그것은 단지 확정하고 '기술할' 뿐이다. … 이 모든 것은 극히 금욕주의적인 것으로 보이지만 차라리 허무주의적이라고 보아야 할 것이다. 이 점을 직시하자! 거기에는 슬프고 냉엄하며 결연한 시선이 있다. … 눈만 있으며 생명은 침묵하고 있는 것이다.

《도덕의 계보학》

◆ 초월적인 가치들의 몰락과 함께 이 세계에서는 누구도 자신의 도덕적 판단을 근거지울 권위는 발견할 수 없게 된다. 이와 아울러 가치 상대주의와 주관주의가 득세하며 다양한 가치판단을 용인하는 분위기가 사회를 지배한다. 이에 따라서 인간을 다루는 문학이나 역사학에서 가치판단은 비객관적인 것으로 배척되며 사실들을 기술하거나 그러한 사실들을 인과적으로 설명하는 것만이 학문의 목표로 간주된다.

학문은 이에 따라 방향과 목표를 상실하고 탐구를 위한 탐구가 되어 삶에서 유리된 지적인 유희로 전락하고 만다. 니체가 보기에 이것은 힘에의 의지가 퇴화한 징후이지 근대의 문학이나 역사학이 진정으로 이성적이고 객관적이라는 것을 의미하지 않는다.

## 학자들을 조심하라.

학자들을 조심하라. 그들은 당신들을 미워하고 있다. 그들은 비생산적이기 때문이다. 그들의 눈은 차갑고 아주 메말라 있다. 그들 앞에 나서면 어떠한 새라도 털이 뽑혀서 알몸을 드러내게 되고 만다.

그들은 거짓말을 하지 않는다며 뽐내고 있다. 그러나 거짓말을 꾸며 댈 능력이 없는 것이 진리를 사랑하는 것을 의미하는 것은 아니다. 조심, 조심하라!

《차라투스트라는 이렇게 말했다》

책장을 그저 뒤적이고 있는 자들에 불과한 학자들은 끝내 스스로 생각하는 능력을 잃어버린다. 책을 보지 않을 때에는 생각하고 있지 않는 것이다.

학자가 생각한다는 것은 그저 자극에 반응하는 것을 의미할 뿐이다. 학자는 이미 생각된 것을 긍정하거나 부정할 뿐이다. 그는 비평에 전력을 쏟을 뿐이며 그 자신은 더 이상 생각하지 않는 것이다.

《이 사람을 보라》

◆ 근대의 학자들이 내세우는 객관적인 분석이란 어떠한 새로운 가치도 생각도 낳지 않는다는 점에서 비생산적이다. 이들은 그 어떠한 것도 털을 뽑아 알몸을 드러내고 폭로하며 비평하는 것을 일삼을 뿐이다.

## 참된 교육에 대해서

당신의 진정한 교육자 · 형성자는 당신의 본질의 참된 근원적 의미와 소재를 당신에게 알려줄 것이다. 즉 당신의 교육자는 당신의 해방자인 것이다.

… 의수 · 의족과 납으로 만든 코와 안경을 쓴 눈을 주는 것이 교육이 아니다. —그런 선물을 주는 것은 오히려 가짜 교육에 지나지 않는다.

해방이야말로 교육이다. 어린 나무의 가냘픈 싹을 침범하려 드는 온갖 잡초, 기와 조각과 자갈, 해충을 제거하고 빛과 열을 쏟으며, 애정을 품고 비가 쏟아지게 해 주는 것이야말로 교육인 것이다.

《반시대적 고찰》

◆ 진정한 교육이란 인간들로 하여금 자신의 본래적인 자기를 구현하도록 돕는 것이다. 이에 대해서 무수한 지식의 주입을 목표로 하는 현대의 교양은 인간에게 의수와 의족, 납으로 만든 코와 안경을 주는 것이다. 인간은 자기 자신의 손과 발로 활동하고 자신의 코로 냄새를 맡고 자신의 눈으로 세상을 바라보는 법을 배우지 않으면 안 된다.

# 09. 근대 도시문명에 침을 뱉으라!

## 부유하게 될수록 가난해지는 인간들

오늘날 상인 도덕은 사실상 해적 도덕의 교묘한 개량에 지나지 않는다. 가능한 싸게 사서 가능한 한 비싸게 파는 것이다.

《인간적인, 너무나 인간적인》

그들은 부를 얻지만 그로 인해 더욱 가난해진다. 그들은 권력을 탐내며 먼저 권력의 모루인 많은 돈을 탐낸다. 이 무능력한 사람들은!

《차라투스트라는 이렇게 말했다》

우리는 거대한 재산을 축적하는 데 유리한 운수업이나 무역업의 모든 부분 특히 금융업을 개인 또는 개인 기업으로부터 빼앗고 너무 많이 소유한 자를 아무것도 소유하지 못한 자와 마찬가지로 공안을 해치는 자로 보아야 한다.

《인간적인, 너무나 인간적인》

◆ 근대의 실업가들은 돈을 벌기 위해서 수단방법을 가리지 않는다. 이들은 부자가 될수록 가난해진다. 니체는 자본주의에서 부자들이 권력을 쥐고 그 권력을 자신의 이익을 위해서 이용하는 사태를 경계하고 있다.

## 대도시문명에 침을 뱉으라!

오 차라투스트라여, 여기는 대도시이다. 여기엔 당신이 찾을 게 아무것도 없고 모두가 잃을 것들뿐이다.

그대는 왜 이 진흙탕을 걸으려고 하는가? 그대의 발을 동정하라! 차라리 이 성문에 침을 뱉고 돌아서라!

은둔자가 사색하기에는 여기는 지옥이다. 여기서는 위대한 사상들이 산채로 삶아져 잘게 요리된다.

여기에선 온갖 위대한 감정들이 부패하고 오직 바싹 마른 감정들만이 소리를 낼 수 있다!

당신은 이미 정신의 도살장과 요리집 냄새를 맡지 않는가? 이 도시는 도살된 정신의 냄새로 자욱하지 않은가?

당신은 축 늘어진 더러운 넝마처럼 영혼이 매달려 있는 것을 보지 않는가? 그리고 사람들은 그 넝마들로 신문을 만들어낸다.

…

그들은 서로서로 몰아대지만 어디로 몰아대는지를 모른다. 그들은 서로를 열나게 하지만 그 이유를 알지 못한다. 그들은 그들의 생철을 짤랑거리고 그들의 금화를 짤랑거린다.

그들은 추위를 느끼면서 화주(火酒)에서 온기를 얻으려 한다. 그들은 열이 오르고 그래서 얼어붙은 정신에서 차가움을 얻으려 한다. 그들은 모두가 여론으로 쇠약해졌고 병적으로 되었다.

당신 속에 깃든 밝고 강하고 선한 모든 것에 걸고 말하노니, 오 차라투스트라여, 이 소상인들의 도시에 침을 뱉고서 등을 돌리라!

여기서는 모든 피가 썩고 미적지근하고 거품을 내며 혈관을 흐른다. 모든 허접쓰레기들이 거품을 내면서 모여드는 거대한 쓰레기 더미인 대도시에 침을 뱉으라!

짓눌려진 영혼, 비좁은 가슴, 째진 눈들과 끈적거리는 손가락들로 이루어진 이 도시에다 침을 뱉으라.

끈질기게 추근거리는 자들, 파렴치한 자들, 입과 붓으로 선동하는 자들, 과열된 야심가들로 이루어진 이 도시에다 침을 뱉으라.

《차라투스트라는 이렇게 말했다》

◆ 니체가 묘사하고 있는 근대의 대도시문명의 묘사는 음울하기 그지없다.

대도시에서는 은둔과 위대한 감정들의 소멸, 정신의 죽음, 짓눌려진 영혼, 비좁은 가슴, 고독의 소멸, 고전 대신에 신문이 지배하고 통찰 대신에 여론과 선동이 지배한다는 것이다.

## 물질주의는 인간을 왜소하게 만든다.

내가 공격하는 것은, 전체의 소비가 점증하면서 전체의 복지도 마치 필연적으로 증진되는 것처럼 생각하는 저 경제적 낙관론이다. 나에게는 그 반대가 진실이라고 생각된다. 전체 소비의 총계는 완전한 손실이 된다. 인간은 왜소해진다.

《힘에의 의지》

◆ 근대인들은 소비의 증가를 행복의 증가로 생각하는 경향이 있다. 따라서 사람들은 그러한 소비를 뒷받침해줄 경제성장을 가장 중요한 것으로 생각한다. 그러나 니체가 보기에 소비를 증가시킨다는 것은 사람들이 자신의 내면에서 겪는 불만족과 공허함을 외적인 소비를 통해서 충족시키려는 것에 불과하다. 그것은 일종의 대용 만족에 불과한 것이다. 소비가 늘면 늘수록 사람들의 내면은 더욱 공허해진다. 이런 맥락에서 니체는 전체 소비의 총계는 완전한 손실이라고 말한다. 사람들은 물질적으로는 옛날보다 훨씬 부유해졌지만 정신적으로는 가난해지고 왜소해졌다는 것이다.

## 현대인들은 초조하다.

현대의 초조—지구의 서쪽으로 갈수록 현대의 초조는 더욱 심해진다. 그래서 미국인에게는 유럽의 국민들이 모두 조용함을 사랑하며 즐기고 있는 것처럼 보이는 모양이지만, 사실은 유럽에서도 사람들은 꿀벌처럼 뒤얽혀서 날아다니고 있는 것이다. 이 소동은 대단하여 고등문화는 이젠 더 이상 열매를 맺을 수 없을 지경이다. 마치 계절의 변화가 너무 빠른 것 같은 느낌인 것이다.

침착성이 없기 때문에 우리의 문명은 새로운 야만상태로 빠져들어가고 있다. 활동가가, 즉 침착성이 없는 사람들이 이 이상으로 위세를 떨친 적은 없었다. 따라서 인류는 정관(靜觀)하는 삶을 크게 강화할 필요가 있다.

《인간적인, 너무나 인간적인》

초조가 세상을 뒤엎고 있다. 현대인들은 너나없이 자기 자신으로부터 달아나고 있기 때문이다.

《반시대적 고찰》

고된 노동을 사랑하고 빠른 것, 새로운 것, 진기한 것을 추구하고 있는 당신들이여. 당신들은 모두 인내력이 부족한 자들이다. 당신들의 근면은 도피이다. 자기를 망각하려고 하는 의지이다.

《차라투스트라는 이렇게 말했다》

끊임없이 창작을 하려고 하는 것은 속된 일인 동시에 자신의 선망과 질투와 야심을 드러내는 것일 뿐이다.

《인간적인, 너무나 인간적인》

지루함에의 용기—자기 자신과 자기가 하는 일을 지루하게 생각할 만한 용기를 갖지 않은 자는 예술 면에서도 과학 면에서도 지고의 정신을 소유했다고 할 수 없다.

《인간적인, 너무나 인간적인》

독창적인 모든 정신에게 지루함은, 행운의 뱃길과 즐거운 바람에 앞서는 잔잔한 물결이다. 그들은 그것을 견디고 그 효과가 자기에게 나타나기를 기다려야 한다. —이런 말이야말로 보통사람들이 엄두도 못내는 일이다.

《즐거운 지식》

고독한 자는 말한다. ―사람은 고독에 따르기 마련인 많은 권태와 불쾌한 감정, 지루함의 대가로 자기 자신과 자연에 더 없이 깊이 침잠하는 그 15분을 얻는다. 지루함에 대해서 완전히 보루를 쌓은 자는 자기 자신에 대해서도 보루를 쌓은 법이다. 자기 자신의 가장 깊은 샘에서 솟아나고 제일 큰 힘이 되는 생명의 물을 그는 결코 마시지 못할 것이다.

《인간적인, 너무나 인간적인》

◆ 현대인들은 모두 분주하다. 아침부터 낮까지 부지런히 노동하고 저녁에는 오락에 빠쁘다. 현대인들은 조용히 자신을 대면할 시간을 갖지 못한다. 니체는 이를 현대인들이 진정한 자기를 발견하는 것을 두려워하고 그것에서 도피하려고 하기 때문이라고 보고 있다. 현대인들은 사회가 만들어준 생활의 틀에서 다람쥐가 쳇바퀴를 돌듯이 부지런히 움직일 뿐, 그러한 틀을 부수고 보다 창조적이고 생산적인 틀을 짜려고 하지 않는 것이다.

창조적인 것을 산출하기 위해서는 게으름의 시간을 가질 필요가 있다고 보면서 게으름을 찬미했던 러셀은 니체의 통찰을 반복하고 있을 뿐이다. 열매가 제대로 맺기 위해서는 계절의 변화가 너무 빠르면 안 되는 것처럼, 창조적인 삶을 위해서는 정관과 고독의 시간, 자신이 지금까지 하던 일과 분방한 인간관계에서 떨어져 나와 지루함을 느끼는 시간이 필요하다. 니체는 우리가 우리의 진정한 소명과 이념이 우리의 삶의 밑바닥에서 서서히 싹터 올라오기 위해서는 우리의 의식을 깨끗이 해둘 필요가 있다고 말했다.

그러나 우리의 의식은 소소한 관심사로 항상 가득 차 있다.

현대인들은 '시간은 황금이다'라고 말하고 '시간은 돈이다'라고도 말한다. 현대인들은 모두 시간이 흘러가는 것을 아까워하고 항상 시간이 부족하다고 초조해 한다. 그러나 정작 진정한 자기의 발견을 위한 시간을 내지 않는다.

## 사회의 나사 부품이 된 개인

사회가 개인들을 사회의 필요에 적응시키는 도상에 있다는 말을 들을 때, 그리고 개인의 행복과 동시에 희생은 그 스스로가 전체의 도구와 유용한 구성원으로 느끼는 데 있다는 말을 들을 때 모든 사람들은 이제 편안해 하는 것 같다.

《아침놀》

불가능한 계급—가난하고, 즐겁고, 독립적!—이것은 함께 가능하다. 가난하고, 즐겁고, 노예!—이것도 가능하다—그리고 나는 공장 노예제도의 노동자들에게 이것보다 더 좋은 것을 말할 수 없다. 만약 그들이 지금 상태처럼 기계의 나사로서, 또 말하자면 인간의 발명물의 부속품으로 소비되는 것을 치욕이라고 느끼지 않는다고 가정하면! 높은 급여를 통해서 그들의 비참한 삶이 본질적으로 극복될 수 있다고 믿는 것은 어리석다. 임금이 높아진다고 하여 그들이 당하고 있는 비인격적인 노예화는 지양되지 않는다.

…아! 인격이 아니라 나사가 됨으로써 하나의 값을 갖게 되다니!

《아침놀》

◆ 사람들은 소비와 향락을 얻는 대가로 기꺼이 사회의 도구가 된다. 사람들은 기계처럼 열심히 일하고 밤에는 그 대가로 향락할 뿐이다. 사람들은 사회를 창조적으로 변화시키려 하지 않고 사회의 유용한 부품이 되기 위해서 사회에 적응하기에 바쁘다.

## 청빈과 은둔에 대한 찬양

위대한 영혼들에게 지금도 대지는 활짝 열려 있다. 홀로 은거하는 자와 둘이서 은거하는 자를 위해 많은 자리들이 여전히 빈 채로 남아 있고, 그 자리의 둘레에는 고요한 냄새가 감돈다. 위대한 영혼들에게 아직도 자유로운 삶이 활짝 열려 있다. 정녕, 적게 소유한 자는 그만큼 소유되는 경우도 적다. 조촐한 청빈을 찬양할지니!

《차라투스트라는 이렇게 말했다》

◆ 이러한 물질주의의 지배 아래에서 니체는 차라리 청빈과 은둔을 말하고 있다. 적게 소유한 자는 그만큼 적게 소유된다. 인간이 소유에 집착한다는 것은 그 소유물의 노예가 된다는 것이다.

## 불구가 된 근대인

그러나 내가 인간들 사이에 있게 된 이후부터, '이 사람에게는 눈이 하나가 없고 저 사람에게는 다리 하나가 없고 그리고 혀나 코나 머리가 없는 사람들도 있다'는 것을 보지만 그것은 지극히 대수롭지 않은 일이다.

나는 그보다 한층 더 고약한 일들을 보고 있고 또 보아 왔다. 그중 많은 것들이, 내 자신이 그 하나하나에 대해서 말하고 싶지 않을 만큼, 그러나 몇몇에 대해서는 결코 침묵하고도 싶지 않을 만큼, 끔찍스러운 것들이다. 그것은 한 가지만을 지나치게 많이 가졌을 뿐 그 밖의 모든 것은 갖지 못한 인간들—하나의 커다란 눈, 하나의 커다란 입, 하나의 커다란 배, 혹은 또 다른 뭔가 큰 것에 지나지 않는 인간들이다. 나는 그러한 자들을 전도된 불구자들이라고 부른다.

… 그러나 민중은 그 거대한 귀는 인간일 뿐 아니라 위대한 인간, 천재라고 내게 말했다. 그러나 민중이 위대한 인간 운운할 때에 나는 결코 민중을 믿지 않았다. 그리고 나는 그 거대한 귀는 모든 것을 너무 적게 그리고 한 가지는 지나치게 많이 가진 전도된 불구자라는 나의 신념을 고수했다.

《우상의 황혼》

◆ 사람들은 사회의 한 부품이 됨으로써 전체로서의 자신을 상실하고 사회가 요구하는 특정한 기능만을 발달시키게 된다. 그

결과 어떤 사람은 하나의 커다란 눈, 커다란 입, 커다란 배만을 가질 뿐이다.

근대는 국가가 우상화되는 시대다.

이제 지상 위에 있는 모든 것은 오로지 가장 조야하고 나쁜 힘들, 즉 이기적인 실업가들과 군사독재자들에 의해 규정되고 있다. 이러한 후자[군사 독재자]의 수중에 있는 국가는 실업가들의 이기주의와 마찬가지로 필시 모든 것들을 자기로부터 새로 조직하려 하고 모든 적대적인 힘들을 내리누르고 연결시키려고 시도할 것이다. 이것은 국가가 사람들이 교회에 행했던 것과 똑같은 우상숭배를 국가에 행하기를 원한다는 것을 의미한다. 이것은 어떤 결과를 낳을 것인가? 우리는 그것을 곧 체험하게 될 것이다.

《반시대적 고찰》

◆ 위의 글은 1871년 보불전쟁에서 독일이 승리한 직후에 쓰인 것이다. 근대사회에서 인간은 원자화되고 소모품이 된다. 무력을 쥔 자들과 경제력을 쥔 자들은 서로 결탁하여 대중을 선동하여 전쟁을 행하여 자신들의 부를 늘린다. 이 와중에서 사람들은 하나의 소모품에 지나지 않는다. 사람들은 소모품으로 전락하는 반면에, 국가는 무한한 힘을 갖게 된다. 사람들은 옛날에 기독교의 신을 섬겼듯이 국가를 섬기게 되고 국가와 자신을 동일시하여 국력

의 강화를 자신의 강화로 착각하게 된다.

근대는 이데올로기라는 광기가 지배하는 시대다.

도취와 양육—민중은 지극히 쉽게 기만당한다. 왜냐하면 그들은 언제나 자기들을 속이는 자, 다시 말해 자기들의 감각을 흥분시킬 포도주를 '구하기' 때문이다. 그들은 그것을 손에 넣기만 하면 싸구려 빵으로 배를 채우는 것에 만족한다. 그들에게는 먹고 사는 것보다도 취할 수 있는 것이 더 가치가 있다. 여기에 바로 그들이 항상 물어뜯고 싶어 하는 미끼가 있다!

《아침놀》

◆ 현대의 최후의 인간들도 힘에의 의지를 자신의 본질로 갖는 한, 단순히 물질에 만족하지 않고 자신들의 힘과 탁월함을 추구한다. 다만 이들은 힘과 탁월함을 갖기 위해서 진정으로 노력하지 않고 자신들이 이미 힘과 탁월함을 갖고 있다고 자만하게 만드는 이데올로기에 탐닉한다. 나치즘은 독일 민족은 천성적으로 강하고 탁월한 종족이라고 독일 민중에게 아부하며, 공산주의는 프롤레타리아가 천성적으로 고귀한 존재라고 아부한다. 사람들은 이러한 이데올로기들을 통하여 자신들의 공허를 메우고 자신들이야말로 고귀한 족속이라는 자기도취에 빠진다.

## 근대교육은 돈 버는 기술을 가르치는 것을 주목적으로 한다.

'지성과 소유의 결합'이 바로 윤리적 요구로 간주된다. 사람들을 고독하게 만들고, 돈과 영리의 추구에 도움이 되지 않으면서 많은 시간을 필요로 하는 모든 교육은 여기에서 증오를 받는다. … 이러한 윤리에 따르면 물론 반대의 것이, 즉 빨리 돈을 버는 존재가 될 수 있도록 하는 신속한 교육이, 그리고 또 아주 돈을 많이 버는 존재가 될 수 있도록 하는 교육이 요구된다.

《반시대적 고찰》

◆ 니체는 근대에서 교육이 힘에의 의지의 성숙에 기여하는 것이 아니라 돈 버는 기술을 가르치는 것이 되었다고 비판하고 있다. 국가는 국가 구성원 각자의 인간적인 성숙을 원하지 않고 모든 사람들이 돈 버는 기술을 터득하여 국력의 강화에 기여하기를 바란다.

## 여성해방에 대한 쓴소리

우리 시대처럼 여성이 남성의 존중을 받은 시대는 없었을 것이다. 그것은 노인에 대한 무례와 더불어 민주주의적 성향과 그 근본적인 취향에 속하는 것이다. 이러한 존중을 악용하는 일이 있다 해서 하등 이상할 것은 없다. 여성은 더 많은 것을 원하고 요구하는 법을 배워 마침내 이러한 존중의 표시를 모욕으로까지 받아들이고 권리의 쟁취를 위해서 나서고 심지어 투쟁하기까지 하려 한다. 실로 여성은 품위를 잃어가고 있다. 다시 말해서 심미안을 잃어가고 있다. 그녀는 남성에 대해 두려워할 줄 모르게 되었다. 그런데 '두려움을 모르는' 여자란 여자다운 본능을 포기한 여자이다.

《선악의 피안》

'남성과 여성'이라는 근본적인 문제에 대해서 그릇된 이해를 갖고 양자간의 심각한 대립과 영원한 적대적 긴장의 필연성을 부정하며 게다가 평등과 동등한 교육, 권리와 의무의 평등까지 꿈꾼다는 것, 이것은 천박하다는 것의 전형적인 징표이다.

《선악의 피안》

여기에는 남자다운 자는 적다. 따라서 그들의 여자들이 남성화된다. 충분히 남성적인 자만이 여자의 여성적인 것을 구제할 것이기 때문이다.

《차라투스트라는 이렇게 말했다》

남자는 전쟁을 위한 교육을, 여자는 전사의 휴양에 이바지하는 교육을 받아야 한다. 다른 모든 것은 어리석은 일이다.

《차라투스트라는 이렇게 말했다》

여성은 부끄러움을 느껴야 할 충분한 이유를 가지고 있다. 여성에게는 현학, 천박함, 건방진 태도, 하찮은 오만, 천박한 방종, 뻔뻔스러움 등과 같은 속성들이 내재되어 있다. 어린애들에게 그녀가 어떻게 행동하는가를 연구해 봄으로써 충분히 알 수 있는 일이다! 사실 이제까지 이 모든 것들은 남성에 대한 두려움으로 인해 억제되고 통제되어 왔다. '여성들에게 풍부한 속성인 영원한 따분함'이 제멋대로 노출된다는 것은 얼마나 고통스러운 일인가! 그녀가 우아하고 장난스럽고 근심을 없애주고 부담을 덜어주고 매사를 가볍게 만드는 솜씨와 현명함, 그리고 쾌락에 대한 갈망 등을 근본적으로 철저하게 망각하기 시작한다는 것은 얼마나 슬픈 일인가!

《선악의 피안》

◆ 근대의 민주주의사회에서 여성은 남성과 동등한 인격으로 간주된다. 여성해방론은 만인을 신 앞에서 평등하다고 본 기독교와 민주주의의 당연한 귀결이다. 이러한 사고방식이 지배하는 곳에서는 만인이 만인을 닮게 되고 양성조차도 접근하여 남자는 여성화되고 여자는 남성화한다.

그러나 니체에 의하면 여자는 평등을 기뻐하지 않고 오히려 진정하게 남성적인 덕을 갖춘 남자를 만나 그의 휴식과 고양에 이바지하고자 하며 이를 통해서 자신을 고양시키고자 한다. 이는 열등한 인간이 진정으로 우월한 인간을 만나서 기꺼이 복종함으로서 자신의 고양을 맛보고 싶어하는 것과 마찬가지이다. 귀족들이 타락하여 열등한 인간들의 복종을 요구할 자격을 상실했을 때 해방을 요구하는 민중들의 운동이 일어난 것처럼, 여성해방운동은 남성들이 여성의 복종을 요구할 자격을 상실할 정도로 유약해졌을 때 나타났다.

니체의 이러한 여성관은 남성이 여성을 마음대로 지배해도 좋다는 것을 의미하지는 않는다. 최후의 인간들에 대한 초인의 지배는 그들에 대한 책임과 최후의 인간들의 자발적인 복종과 외경을 끌어낼 정도로 초인들이 고귀한 품격을 가질 것을 전제로서 요구하는 것처럼, 여성에 대한 남성들의 지배는 남성들이 책임과 남성적인 덕을 갖출 것을 전제로서 요구하는 것이다.

아울러 니체가 여성이 교육을 받는 것을 반대한 것은 여성이 지적으로 열등하다는 이유보다는 근대적인 교양교육이 여성의 천부적이고 자연스런 영리함이 발휘되는 것을 막고 여성을 경박하게 만든다는 이유에서였다. 니체는 양성 간의 길항 관계를 통해서만 양성은 서로 발전할 수 있다고 보기 때문에, 남성과 여성의 차이가 소멸하는 것은 남성뿐 아니라 여성에게도 해롭다고 보았다. 니체의 여성관은 쇼펜하우어의 여성관을 비롯한 당시의 여성비하적인 여성관을 상당히 반영하고 있기에 우리가 무조건적으로 받아들일 필요는 없는 것이지만 검토해 볼만한 가치는 있다고 생각된다.

## 민족주의를 넘어서

독일적인 것의 바람직한 모습은 독일적이 아니게 되는 것을 의미한다. 국민적 차이로 볼 수 있는 것은 여러 가지 문화의 단계상의 차이에 지나지 않으며, 영속적으로 보이는 것은 극히 일부분에 지나지 않는다.

…

즉 민족이 전진하고 성장할 때에는 항상 그때까지 그 국민적 용모를 특징짓는 가죽띠를 뿌리쳐 버리지만, 민족이 정체하고 위축되어 있을 때에는 새로운 가죽띠가 그 영혼의 둘레에 꽉 죄어진다. 그것은 이를테면 더더욱 딱딱해져가는 껍질이 감옥을 지어 그 장벽이 더욱더 높아져 가는 것처럼 되게 마련인 것이다. 그 때문에 어떤 민족이 아주 견고한 것을 많이 가지고 있는 경우, 사실은 그것은 그 민족이 화석화(化石化)되려 하고 있어 그저 기념비에 지나지 않게 될지도 모른다는 증거이다.

따라서 독일인에게 호의를 품는 자는 어떻게 독일적인 것에서부터 벗어날 것인지에 대해 숙고해야 한다. 비독일적인 것을 지향한다는 것은 그러므로 언제나 우리 민족에서 훌륭한 사람들이 가졌던 특징이었다.

《인간적인, 너무나 인간적인》

◆ 한국적인 것을 되찾자는 운동이 유행한 적이 있었다. 그러나 한국적인 것을 고정된 어떤 것으로 간주하면서 그 이외의 것

은 비한국적인 것으로 배척하는 것은 얼핏 보기에 자신의 문화에 대한 자신감에서 비롯된 것같이 보이지만 사실은 외국의 것을 자신의 것으로 소화해낼 수 있는 자신감의 결여에서 비롯된 것일 수 있다. 모든 문화적 배타주의란 약함의 징표이고 다른 문화에 대한 두려움에서 비롯된 것이다. 영속적이고 고정된 어떤 특질에 집착하는 문화는 그 민족이 화석처럼 굳어가고 있다는 증거이다. 살아 있는 문화란 과감하게 다른 문화들을 수용하면서 자신의 성장을 위해서 동화시켜 나가는 문화이다. 자신이 아닌 물, 공기, 빛 등의 외적인 요소들을 흡수하여 자신의 성장을 위한 영양분으로 변화시키는 동화작용을 통해서만 생물은 살아 있을 수 있는 것처럼 말이다.

## 근대의 긍정적 가능성

비교의 시대. 인간들이 전통에 덜 속박될수록 그만큼 내면적인 동기는 더욱더 자유롭게 되고, 그에 따라서 외적인 불안정, 인간들의 뒤섞임, 추구하는 것들의 다양함은 더욱 증가하게 된다. 대체 어느 누구에게 아직도 어떤 장소에 자신과 자신의 후손을 묶어두는 엄격한 속박이 여전히 존재하는가?

도대체 어느 누구에게 엄격한 억압이 구태의연하게 존재하는가?

모든 예술양식이 서로 모방하는 것처럼 도덕, 관습, 문화의 모든 단계와 양식이 서로를 모방한다. 그러한 시대는 온갖 세계관들, 습속들, 문화들이 비교되고 서로 섞일 수 있다는 점에서 그 나름의 지대한 의미를 갖는다. 이것은 일찌기 모든 문화가 지방 차원에 국한될 때에는 모든 종류의 예술 양식이 장소와 시간의 속박을 받았기 때문에 불가능했던 일이다. 지금은 미학적 감정의 증대로 수없이 비교한 끝에 여러 예술 형식들에 판단이 내려질 것이다. 그것은 대부분의 형식, 즉 미학적 감정의 배척을 받는 모든 형식들을 서서히 말라죽게 할 것이다.

이처럼 이제는 보다 높은 인륜의 형식들과 습관들에서 선택이 행해진다. 이 선택이 목표하는 것은 저급한 윤리의 몰락일 수밖에 없다. 현대는 비교의 시대이다! 이것이 이 시대의 자랑이자 동시에 당연한 것이지만 이 시대의 고통이기도 하다. 이 고통을 두려워하지 말자! 오히려 이 시대가 우리에게 부과하는 과제를 가능한 한 엄숙하게 받아들이자. 그러면 우리의 후손들이 축복해주리라. 폐쇄된 토착적인 민족문화에 대해서도 또 비교의 문화에 대해서도 초월해 있는 후손들, 그러나 이 두 가지 문화를 존경할만한 고대의 유물로서 돌이켜볼 후손들이.

《인간적인, 너무나 인간적인》

◆ 니체는 이 시대를 전적으로 퇴락한 시대로 비난하지는 않는다. 오히려 이 시대는 다른 시대가 가질 수 없는 풍요로운 가능성을 가진 시대다. 그 가능성 중의 하나는 이 시대에서는 전통이 해체됨으로써 여러 지역과 나라들 사이의 인륜과 습관 그리고 세

계관들에 대한 엄격한 선택이 행해질 수 있다는 것이다. 이 시대에는 기술 문명의 발달로 인해 세계가 가까와짐으로써 이러한 비교는 더욱더 용이하게 되었다.

전통의 해체와 기술문명의 발달로 인한 세계 각국 간의 교류 증대는 보다 높은 문화를 건설하기 위한 좋은 조건이 될 수 있는 것이다. 전통의 해체는 실로 인간들에게 익숙한 생활의 지반을 앗아간다는 점에서 삶을 위협하는 것일지도 모르나 그것은 사람들의 노력 여하에 따라서는 보다 높은 삶을 구현할 수 있는 기회가 될 수 있는 것이다. 전통의 해체는 우리에게 고통을 낳으나 우리가 그러한 고통을 두려워하지 않고 보다 높은 문화를 건설하려 할 때 우리는 전통이 해체된 현시대에 대해서 긍지를 가질 수도 있다.

니체는 자신의 토착적인 전통을 고집하는 편협한 민족주의나 인종주의를 내세우는 것이 아니라 오히려 문화들의 비교를 통한 고급문화의 건설을 내세운다. 니체가 추구하는 것은 민족이나 인종의 영광이 아니라 보다 높은 인간과 문화의 형성이다. 따라서 우리는 니체를 인종주의자와 민족주의자로 해석하여 오용한 나치들이나 니체를 인종주의자 내지 민족주의자라고 비판하는 사람들도 니체를 제대로 이해하지 못했다고 볼 수 있다. 니체는 오히려 인류 전체를 고양시킬 수 있는 하나의 세계 문화를 건설하려고 한다.

## 사회주의는 제왕적 폭력국가의 지배다.

사람들은 자신에 대해서 무책임하다. 사회주의는 경제적 평등을 위해서라면 전제적인 국가의 지배도 기꺼이 받아들이려 한다. 사회주의자들은 사실상은 창조력 없는 대중에 대한 '제왕적 폭력국가(cäsarischer Gewaltstaat)'의 지배를 원한다. 그들은 국가를 우상처럼 숭배하는 자들(die StaatsGötzendiener)이다.

《인간적인, 너무나 인간적인》

그대들, 평등을 설교하는 자들이여! 무력감에서 나온 폭군의 광기는 이와 같이 그대들의 마음속으로부터 평등을 외친다.

《차라투스트라는 이렇게 말했다》

◆ 니체는 근대의 사회주의를 제왕적 폭력국가를 건설하려는 시도로서 비판하고 있다. 근대 사회주의란 다수의 대중들이 자신보다 부유하고 우월한 인간들에 대해서 갖는 원한과 질시의 소산이다. 이러한 대중들은 이러한 질시에 사로잡혀서 평등을 위해서라면 전제적인 국가의 지배도 기꺼이 받아들인다.

# 10. 선이란 힘의 느낌을 증대시키는 것이다
## — 도덕에 대해서

## 선과 악이란 무엇인가

선이란 무엇인가?—그것은 힘의 감정을, 힘에의 의지를, 힘 자체를 고양시키는 모든 것이다.

악이란 무엇인가? 약함에서 비롯되는 모든 것을 말한다.

행복이란 무엇인가? 힘이 증가되고 있다는 느낌—저항을 초극했다는 느낌을 말한다.

《안티크리스트》

고귀함, 독립 자존의 정신, 다른 사람들과 다르게 존재할 수 있음, 홀로 서서 독립적으로 살아야 함.

《선악의 피안》

◆ 니체는 여기서 선과 악 그리고 행복과 불행이 무엇인지를 '힘에의 의지'라는 자신의 철학적 원리로부터 다시 정의하고 있다. 선이란 힘에의 의지를 고양하는 데에 기여하는 것이다. 악은 이에 대해서 힘에의 의지를 약화시키는 것이다. 행복은 힘이 성장했다는 느낌이며 자신에 대한 저항을 극복했다는 사실에 대한 자족감이다.

전통적인 도덕적 규범이 인간의 힘을 약화시키고 의존적으로 만든다면 그것은 악이다. 이에 대해서 전통적인 규범에 반하는 것이라도 인간의 독립과 자율을 가능케 한다면 그것은 선이다.

## 도덕이란 무엇인가

도덕적 현상이란 존재하지 않고, 다만 현상들에 대한 도덕적 해석만이 존재한다.

《선악의 피안》

나는 '도덕'이란 말로 어떤 존재자의 생존조건에 관련된 가치 평가의 체계를 의미한다.

《힘에의 의지》

한 시대에 악으로 받아들여지는 것은 대개는 그 전 시대에는 선으로 받아들여졌던 것이 때를 잘못 만나 그런 반응을 얻게 된 것이다.

《선악의 피안》

우선 도덕이란 일반적으로 공동체를 존속시키며 공동체의 붕괴를 방지하기 위한 한 가지 수단이다. 다음으로 도덕이란 공동체를 어떤 수준 그리고 어떤 질로 유지시키기 위한 수단이다. 도덕의 동기는 '공포'와 '희망'이다. 불합리하고 편협하고 개인적인 성향이 강하면 강할수록 보다 더 조잡하고 강력하고 거칠게 되는 공포와 희망 말이다. 공동체를 존속시키고 일정한 수준에서 유지하는 것이 보다 원만한 수단으로는 불가능할 것 같은 때는 가장 무서운 공포를 수단으로 쓰지 않으면 안 된다. 영원한 지옥과 더

불어 피안을 고안해 낸 것은 그중에서도 가장 강력한 수단에 속한다. 그것에 의해서 영혼에 대한 고문과 교수형이 행해지기 때문이다.

《인간적인, 너무나 인간적인》

◆ 우리는 보통 무엇이 선이고 무엇이 악인지가 어떠한 시대에도 동일하게 이미 정해져 있다고 생각한다. 우리는 도덕적 규범들은 인간들에 의해서 정립된 것이 아니라 이미 주어져 있다고 생각하는 것이다. 그러한 규범들을 우리는 신에 의해서 주어졌다고 생각하거나 아니면 인간의 양심에 본래적으로 내재하고 있다고 생각한다.

그러나 니체에게는 그렇게 영원불변하고 객관적인 도덕적 규범은 존재하지 않는다. 도덕적 현상 자체란 존재하지 않고 삶의 현상들에 대한 도덕적인 '해석'만이 존재할 뿐이다. 니체는 도덕이란 현상도 '힘에의 의지'로부터 해석한다. 도덕이란 공동체가 자신의 생존과 강화를 위해서 정립한 가치체계일 뿐이다.

양심의 가책이란 것도 인간에게 천성적인 것이 아니라 공동체가 자신의 규범을 장기간 동안 구성원들에게 무시무시한 형벌이나 종교적인 협박 등을 통해서 주입한 결과 생겨난 것이다. 그것은 그러한 형벌이나 내세에서 받을 벌에 대한 공포가 내면화된 것일 뿐이다.

## 전통파괴자는 악한 자들인가?

흔히 열외가 된 사람들 중에 독창적이고 생산적인 사람들이 많은데, 이들이 더 이상 희생양이 되어서는 안 될 것이다. 그리고 행위와 사상이 도덕에서 벗어나는 것 또한 더 이상 결코 불명예스러운 것으로 여겨서도 안 될 것이다. 인생과 사회에 대하여 새로운 실험이 무수히 행해져야 한다. 양심의 가책이라는 무시무시한 짐은 세상에서 추방되어야 한다. 이러한 가장 보편적인 목표들을 진리를 희구하는 성실한 모든 사람들이 자각하고 촉진해야만 한다!

《아침놀》

◆ 기존의 도덕체계를 부정하고 새로운 가치관들을 제시하는 사람들이 있을 수 있다. 이러한 사람들은 기존의 사회에 의해서 부도덕하다고 비난받는다. 그러나 이들은 인생과 사회에 대해서 새로운 실험을 하는 자들이다. 이들은 인간의 힘과 생명력이 성장하는 것을 막는 기존의 도덕을 폐기하고 생명력을 고양시키는 새로운 가치들을 제시하는 독창적이고 생산적인 자들이다.

## 인간의 의지는 자유로운가?

승리하지 못하는 힘. 가장 강력한 인식[인간의 의지가 철저하게 부자유스럽다는 인식]은 가장 빈약한 성과를 거두게 된다. 왜냐하면 그것은 언제나 인간의 허영심이라는 최강의 적수를 갖고 있으니까.

《인간적인, 너무나 인간적인》

세상에서 행해지는 악의 4분의 3은 공포 때문에 행해진다.

《아침놀》

대립에 관한 습관. 자연에 대립은 결코 존재하지 않으며 단지 정도의 차이만이 존재한다. 우리가 도처에서 대립(예컨대 '덥다', '차갑다'와 같은)을 발견하게 되는 것은 정확하게 관찰을 하지 않았기 때문이다. 이런 나쁜 버릇은 우리를 더욱더 부추겨서 이번에는 내면의 자연, 즉 정신적, 도덕적인 세계까지도 이 대립 속에서 이해하고 분석하도록 했다. 따라서 변화가 아니라 대립이 있다고 믿음으로써 허다한 고통, 교만, 가혹성, 배반, 냉혹함 따위가 인간의 심성 속으로 스며들었다.

《인간적인, 너무나 인간적인》

잘 정의되어 있는 것처럼, 타인을 위하고 더 나아가 오직 타인을 위한 행위만을 도덕적이라고 한다면 도덕적인 행위는 존재하지 않는다! 또한 자유의지에 의해 행해지는 행위만이 도덕적이라고 한다면 도덕적인 행위라는 것은 존재하지 않는다.

《아침놀》

◆ 인간은 자유로운가? 우리는 범죄자들이 악을 저지르지 않

을 수 있는 자유의지를 가지고 있었는데도 그가 악을 저질렀다는 이유로 처벌한다. 그는 자유로운 존재이기 때문에 자신의 행위에 대해서 책임을 지지 않으면 안 된다는 것이다. 이에 대해서 니체는 모든 인간들에게 이렇게 동일한 정도의 의지의 자유를 인정하는 것에 대해서 비판하고 있다. 니체가 보기에는 의지의 문제는 의지가 자유로우냐 아니냐의 문제가 아니라 의지가 강하냐 약하냐의 문제이다. 자유로운 의지와 부자유한 의지의 절대적인 대립이 있는 것이 아니라 강한 의지와 약한 의지의 정도 차가 존재할 뿐이다.

절대적으로 선한 이타적인 행위와 절대적으로 악한 이기적인 행위의 대립도 존재하지 않는다. 자신의 생명력이 넘쳐나는 가운데 자연스럽게 타인에게도 그 힘이 전달되는 행위와 자신의 힘이 결여되어 있는 탓에 이를 보충하기 위하여 어떻게든 타인에게서 빼앗고자 하는 행위가 존재할 뿐이다. 아무리 이타적으로 남에게 무엇인가를 주는 것처럼 보이는 행위도 사실은 타인을 지배함으로써 자신의 부족한 힘을 충족시키려는 의도가 작용할 수 있다. 생명력이 흘러넘치는 강한 자는 '준다는 의식 없이' 준다. 그는 남을 위해서 자신이 희생하고 있다고 생각하지 않는다. 그는 아무리 주어도 자신이 부족해진다고 생각하지 않을 정도로 생명력이 가득찬 자이기 때문이다. 선한 자와 악한 자가 존재하는 것이 아니라 이렇게 강한 자와 약한 자가 존재할 뿐이다.

범죄자들이 악을 저지른 것은 자신들의 자의에 의한 것이 아니라 그들의 의지가 약하기 때문이다. 의지가 그렇게 박약한 상태에서 그들은 그러한 악을 저지를 수 밖에 없다. 어떤 물건을 훔쳤을 때 그들은 그 물건의 유혹을 견딜 의지력이 없어서 훔친 것이다. 아울러 우리가 저지르는 악의 4분의 3은 공포 때문에 행해진다. 적국에 대한 공포가 적국에 대한 공격을 낳으며 국민들에 대한 공포가 독재자들의 테러를 낳는다. 우리는 악을 저지르고 싶어서 저지르는 것이 아니라 공포심이나 유혹을 이겨낼 만한 내적인 힘을 결여하고 있기에 저지른다.

의지가 박약한 자들에게는 공포와 유혹을 극복한다는 것이 힘들겠지만 의지가 강한 자들에게는 극히 쉬운 것일 수 있다. 인간 모두를 자유로운 의지의 소유자로 보는 것은 니체가 보기에는 인간에게 특유한 허영심의 발로이다. 자신을 통제할 정도로 강한 자들은 소수임에도 대다수의 인간은 자신들도 그렇게 강하다고 착각하고 싶은 것이다.

## 범죄란 무엇인가

사회와 개인이 범죄자 때문에 입는 손실은, 질병 환자로 인해 입는 손실과 완전히 동질의 것이라는 점을 명심하라. 병자는 근심과 불쾌를 확산시키고 간호사와 의사의 치료를 필요로 하며 건강한 자의 시간과 힘을 빌려 살아간다.

《아침놀》

개화한 우리의 세계에서 우리는 거의 주눅이 든 범죄자밖에 모른다. 사회의 저주와 모멸에 짓눌려 자기 자신에 불신을 품고, 종종 자기 자신의 행위를 헐뜯거나 비방하는 것 같은 못난 범죄자 타입밖에 알지 못하는 것이다. 그 결과 우리는 모든 위대한 사람들이 범죄자였다는 것(그러나 이것은 위대한 양식에 의한 판단이지 가련한 양식에 의한 것은 아니다), 범죄가 위대함에 딸리게 마련이라는 것과 같은 생각을 받아들이지 못하게 되는 것이다.

《힘에의 의지》

◆ 보통의 범죄는 니체가 보기에는 질병과 같은 것이다. 병이 생명력의 결여에서 비롯되는 것처럼 보통의 범죄 역시 힘과 생명력의 결여에서 비롯되는 것이다. 그는 자신의 힘으로 설 힘이 없기에, 남에게 기생하는 행위를 통해서 연명하려고 한다. 이는 병자가 남에게 의탁하여 사는 것과 마찬가지이다. 이들은 전통적인 가치에 구속되어 자신들을 범죄자로 인정하면서 자신을 혐오하고 자학하는 자들이다.

그러나 힘의 과잉에서 비롯되는 위대한 사람들의 범죄가 있다. 이들은 전통을 파괴하고 새로운 가치를 정립하는 자들이다.

## 주인도덕과 노예도덕

이 첫 번째 유형의 도덕[주인도덕]에서는 '선'과 '악'의 대립은 대체로 '고귀함'과 '비천함'의 대립을 의미한다. … 고귀한 인간들은 겁 많은 인간, 전전긍긍하는 인간, 소심한 인간, 눈앞의 이익에만 급급한 인간, 편협하고 의심많은 인간, 비굴한 인간, 학대를 감수하는 개 같은 인간, 거지 같은 아첨꾼, 그리고 특히 거짓말쟁이 등을 경멸한다. 평민들은 거짓말쟁이라는 것이 모든 귀족들의 근본신조이다. 고대 그리스의 귀족들은 자신들을 지칭할 때, '우리 진실한 인간들'이라는 식의 말투를 사용했다.

…

두 번째 유형의 도덕인 노예도덕은 [주인도덕과] 다르다. 학대받고 억압받고 고통당하고 부자유하며 자신에 대해서 확신을 갖지 못하고 피곤한 자가 도덕을 운위한다고 가정해 보자. … 그는 강자들의 행복은 진정한 행복이 아니라고 믿고 싶어 한다. 반면에 고통 받는 자들의 괴로움을 조금이라도 덜어주는 것들이 각광을 받고 찬양을 받게 된다. 따라서 여기서 존중되는 것은 연민, 자비롭고 친절한 손길, 온정, 인내심, 근면성, 겸손함, 친밀함 등이다. 왜냐하면 이런 것들은 괴로운 삶을 견뎌나가는 데 도움이 되는 것이며 또한 그 유일한 수단이 되기도 하는 것이기 때문이다. 노예도덕은 본질적으로 유용성에 입각한 도덕이다.

저 유명한 '선'과 '악'의 대립개념의 기원이 바로 여기에 있다. 노예의 느낌 속에서 권력, 위협적인 것, 공포를 느끼게 하는 것, 세련된 것, 무시할 수 없는 강력한 힘 등은 모두 악한 것으로 비친다. 그러므로 노예도덕에 따르면 '악한' 인간이란 공포감을 불러일으키는 인간이다. 그러나 주인도덕에서는 공포를 불러일으키거나 그러한 의도를 가진 사람이 바로 '선한' 인간이며 반면에 경멸감을 불러일으키는 인간은 '악한' 인간이 된다.

《선악의 피안》

비록 외견상으로는 좋음(gut)이라는 개념과 대립되는 두 개의 단어이지만, 사실상 이 나쁨(schlecht)과 저 나쁨(böse)은 얼마나 판이한 것인가? 아울러 저 좋음이란 개념도 동일한 개념이 아니다. 원한의 도덕의 의미에서 나쁜(böse) 자들로 간주되는 자들은 누구냐라는 문제가 제기되어야 한다. 그 나쁜 자들은 바로 군주도덕에서의 좋은 사람, 즉 고귀한 자, 강력한 자, 지배자이다. 다만 이러한 자들이 원한에 찬 독기서린 눈초리에 의해서 변색되고, 반대로 해석되고 관찰될 뿐이다.

《도덕의 계보》

◆ 우리는 보통 선과 악이라는 개념들이 항상 동일한 의미를 가지고 있었다고 생각한다. 그러나 니체는 그러한 개념들은 인간들의 유형에 따라서 다른 의미를 가지고 있다는 것을 보여주고자 한다.

독일어에는 악을 의미하는 말이 두 가지가 있다. 하나는 schlecht이며 이 말은 상층계급에 의해서 하층계급에 적용되었고 원래는 '평범한', '보통의'라는 의미를 갖고 있었으나 나중에 '저속한'이라는 의미를 갖게 되었다. 다른 하나는 böse이며 이는 하층계급에 의해서 상층계급에 사용되었고 '위험한', '유해한', '이상한'이란 뜻을 갖고 있었다. 카이사르나 나폴레옹 같은 사람은 böse였다. 많은 단순한 사람들은 예외적인 개인을 보고 두려워했다. 마찬가지로 gut에도 schlecht와 böse에 상응하는 두 가지 의미가 있다. 상층계급이 사용하는 경우 이 말은 '강한', '용감한', '호전적인', '신과 같은'(gut은 신을 의미하는 말인 Gott에서 생긴 말이다)이라는 뜻이었고, 민중이 사용하는 경우, '무해한', '겸손한', '친절한'이라는 뜻이 있다.

우리가 카이사르나 나폴레옹 같은 인물을 평가할 때, 두 개의 서로 다른 가치관이 있을 수 있다. 기독교적인 가치관에서 볼 경우, 그는 전쟁을 통하여 자신의 명예를 추구한 자이다. 그는 수많은 사람들을 전쟁터에서 살육하고 전쟁물자의 조달을 위하여 많은 인간들을 노예처럼 혹사한 자이다. 따라서 그는 '악한 인간'이다. 이러한 가치척도는 니체에 따르면 민주주의와 사회주의에 의해서 계승되고 있다. 예를 들어 마르크스주의적 관점에서 보아도 카이사르는 고대 로마의 노예제사회를 유지하려 했던 악한으로밖에 취급되지 않을 것이다. 이런 의미에서 니체는 민주주의와 사회주의의 가치관은 기독교의 연장이라고 생각했다. 이러한 기독교적 가치관에서는 '선'과 '악'이라는 개념이 가치평가의 척도가 된다. 이 경우 선한 사람이란 모든 사람들에게 친절하며 해를 끼치지 않는 사람이고 악한 사람이란 남에게 해를 끼치거나 괴롭히는 사람이다. 따라서 기독교적 가치관에 따를 경우, 가장 선한 사람으로서 칭송을 받는 사람은 사회의 가장 밑바닥에서 제대로 보수도 받지 못하고 남들을 위해서 일하는 노예나 노동자가 된다.

그러나, 카이사르나 나폴레옹 같은 사람들을 평가하는 또 하나의 가치관이 있을 수 있다. 그것은 카이사르나 나폴레옹을 '위대한' 인간으로 보는 가치관이다. 이러한 가치관에서 볼 경우, 카이사르와 나폴레옹은 남다른 지적 탁월함과 강인한 정신력 그리고 엄청난 포용력의 소유자로서 칭송받아야 될 인물이다. 이에 반해 이들을 따르던 부하들과 이들의 전쟁을 음으로 뒷받침한 노예들은 이들보다 열등한 인간으로서 이들의 지배와 통제를 받아야 마땅한 인간들이다. 아니 이들은 카이사르나 나폴레옹을 따름으로써 자신들이 그 전에 맛보지 못했던 힘과 생명의 고양을 경험하게 된다. 니체는 이와 같은 가치관을 주인도덕이라 불렀다. 노예도덕에서는 가치평가의 척도가 '선'과 '악'인 것에 반해 영웅도덕에서는 '위대함'과 '비속함'이다.

니체가 말하는 힘에의 의지란 위대해지고 싶은 욕망, 숭고해지고 싶은 욕망이다. 이러한 욕망을 인간의 본질적인 욕망으로 인정하면서 위대함과 탁월함을 선으로 보는 도덕이 니체가 말하는 주인도덕이다. 이에 대해서 그러한 욕망을 사악한 것으로 보면서 겸손과 약한 자에 대한 동정을 강조하는 도덕이 노예도덕이다. 니체는 주인도덕만이 인간들이 탁월함을 향해서 진력하는 것을 가능하게 한다고 말하고 있다. 그러나 인류의 역사는 주인도덕을 누르고 노예도덕이 지배해 가는 역사이다. 그러한 역사는 범용이 모든 고귀한 것을 압도해 가는 역사라는 점에서 퇴폐의 역사이다.

## 노예도덕의 실체

보복할 수 없는 무력함은 '선량'으로 바뀌고, 겁 많은 비열은 '겸허'로 바뀌며, 증오하는 상대에 대한 복종은 '순종'(자세히 말하면 이러한 복종을 명령하는 자에 대한 복종, 이자를 그들은 신이라고 부른다)으로 바뀝니다. 약자의 비공격성, 그들이 풍부하게 지니고 있는 비겁 그 자체, '문전에서' 서성거리며 어쩔 수 없이 기다리는 것—이러한 것들이 여기서는 인내라는 발림말로 불리우고 심지어는 덕 그 자체로 불립니다. 복수할 수 없음이 복수하고자 하지 않는 것이 되고 아마도 관용이라는 이름으로 불리기도 합니다.

《도덕의 계보》

마음씨가 착하고 아주 주눅이 든 인간이 호인이라는 관념은 사실은 힘의 저하에서 비롯된 것이다. 그러한 호인은 겁먹은 소심한 성품 때문에 자신을 억제하고 있다.

《힘에의 의지》

◆ 노예정신의 소유자들이 보복할 수 없고, 복종하고, 공격할 수 없는 것은 이들이 본성적으로 선하기 때문이 아니라 약하기 때문이다. 그러나 그들은 이렇게 솔직하게 자신의 약함을 인정하지 않고 자신을 기만한다. 니체는 약한 자들이 약하다는 것을 비난하는 것이 아니다. 양이 맹수에 비해서 약한 것이 도덕적으로 비난

받을 일이 아닌 것처럼 약한 자들이 약한 것은 도덕적으로 비난받을 일이 아니다. 그것은 자연적인 사실이다.

니체가 비난하는 것은 이들이 자신을 기만한다는 것이다. 이들은 교활하며 자신에게 성실하지 못하다. 이들은 자신이 약하다는 것을 솔직하게 인정하면서 강한 자들의 지배를 감수하려 하지 않는다. 그 대신에 그들은 자신들이 보복하지 않고 복종하는 것은 자신들이 천성적으로 선량하고 겸허하며 관용스럽기 때문이라고 주장한다.

이러한 기만적이고 교활한 술책을 통해서 이들은 강한 자들에 대한 지배를 획책해 왔다. 노예정신의 지배 아래에서 위험과 힘에 대한 사랑은 안전과 평화에 대한 사랑에 굴복하고, 힘은 교활한 지혜로, 공공연한 복수는 은밀한 복수로, 엄격함은 동정으로, 창조성은 모방으로, 명예욕은 양심의 가책으로 변했다는 것이다.

## 노예도덕은 강한 자들에 대한 원한의 산물이다.

"도덕상의 노예반란은 원한 그자체가 창조적인 것이 되고 가치를 낳게 되었을 때 비로소 시작된다. 여기서 원한이라고 하는 것은 본래적인 반항, 즉 행위상의 반항은 금지되고 있어서 보통 상상적인 복수에 의해서 그 불만을 해소해 보려는 자들이 품고 있는 원한이다. 모든 고귀한 도덕이 자기 자신에 대한 득의에 찬 자기긍정에서 생기는 반면에 노예도덕은 처음부터 '외부적인 것',

'다른' 것, '자기 자신이 아닌' 것을 부정한다. 그리고 이 부정이야말로 노예도덕이 이룩하는 창조적 행위이다. 가치정립의 시선을 이렇게 전도하는 것—이렇게 시선을 자신에게 되돌아가게 하는 대신에 밖으로 향하는 것—이 원한의 본질이다. 즉 노예도덕이 성립하기 위해서는 항시 우선적으로 하나의 적대적인 외부세계를 필요로 한다. 생리학적으로 말하면, 그것은 어쨌든 행동하기 위한 외부적인 자극을 필요로 한다.—따라서 그 행동은 근본적으로 반작용이다."

《도덕의 계보학》

◆ 노예들은 자신들이 당하는 모든 고통의 원인을 자신의 무능력에서 찾지 않고 소위 악한 인간들이 자신을 괴롭히고 억압한다는 데서 찾는다. 강하고 탁월한 자가 자신이 겪을 수 있는 고통과 불행의 모든 책임을 자신에게 돌리는 반면에, 약하고 열등한 자는 자신의 고통과 불행의 모든 책임을 타인에게 돌리며 그 타인에 대해서 원한을 품는다. 그는 자신의 열등함을 탓하는 것이 아니라 남이 자신에게 부당하게 해를 끼친다고 생각하며, 소위 보편적 도덕의 입장에서 남을 비난한다. 그는 독자적으로 자신의 불행을 타개하기보다는 타인의 동정을 바란다. 그리고 그 타인이 동정하지 않을 경우에는 그 타인을 무자비한 자로서 탄핵한다.

강하고 탁월한 인간이든 약하고 열등한 인간이든 모든 인간들이 따라야 할 보편적인 규범이 있다고 주창하는 전통적인 도덕은 신에 의해서 주어진 것도 인간들의 양심에 본래적으로 내재하는 것이 아니다. 그것은 약하고 열등한 노예와 같은 인간들이 강하고 탁월한 인간들에 대해서 갖는 원한에서 비롯된 것이다. 이들은 자신들의 힘을 강화함으로써 강자의 지배로부터 벗어나려 하지 않고 자신들을 도덕적으로 선하다고 생각함으로써 상상적인 복수를 한다.

## 전통적인 도덕의 파괴자들에 대한 공포

가장 엄밀한 이론의 효용—사람들은 가장 엄밀한 도덕 이론을 신봉한다고 공언하는 사람의 도덕적인 약점은 너그럽게 봐준다.! 그런데 이에 반해 자유 정신을 지닌 모랄리스트의 삶은 현미경으로 살피듯 감시한다. 그의 생활에 과실(過失)이 있으면, 그것이 달갑지 않은 그의 사상에 대한 가장 확실한 반증이 된다고 생각하면서 그의 삶에서 과실을 찾으려고 한다.

《아침놀》

◆ 우리는 흔히 우리가 신봉하는 도덕체계를 인정하면서 도덕적인 결함을 갖는 사람들보다, 그러한 도덕적인 결함을 갖고 있지 않으면서도 그 도덕체계를 부정하는 사람을 더 증오한다. 우리는 우리가 신봉하는 도덕체계가 무너지면 삶의 질서가 붕괴된다고 생각한다. 그러한 도덕체계를 부인하는 사람은 우리의 삶을 근본적으로 위협하는 자이기에 우리는 도덕적인 결함을 갖는 자들

보다도 우리의 도덕체계를 부인하는 자를 더 두려워하고 증오한다. 아울러 우리는 우리의 도덕체계를 지키기 위해서 그의 도덕적인 과실을 찾으려고 애를 쓴다. 그가 우리의 도덕체계를 부인하는 것은 그가 보다 나은 삶의 방식을 알고 있어서가 아니라 부도덕한 사람이기 때문이라는 것을 증명하기 위해서 말이다.

## 노예도덕은 교활한 자기기만이다.

이에 도덕의 역사란 노예와 억압받는 자들, 실패하고 자신이 못난 탓에 고통을 겪고 있는 자들, 또는 범용한 자들이 자신들에게 가장 유리한 가치판단을 관철하려고 하는 힘에의 의지의 표현이다.

《힘에의 의지》

◆ 그러나 자신의 힘과 독립성을 이렇게 무기력하게 포기하려는 인간은 자기 자신을 허약한 자로서 이해하는 것이 아니라, 오히려 자신을 도덕적 규범을 충실하게 따르는 선한 인간으로 생각한다. 이들 노예적인 인간들도 힘에의 의지를 갖고 자존심을 갖기 때문에 자신의 연약함을 인정하려 들지 않는다.

니체는 이러한 자기기만에서 이들 노예적인 인간들의 영리함과 허영심을 본다. 노예는 자신이 약하기 때문에 인간으로부터 독립하여 그 자체로 존재하는 무조건적인 도덕적 규범을 신봉한다고 고백하지 않고 그 규범이 절대적으로 타당하기 때문에 신봉한다고 믿으며 주장한다. 그는 이를 통해서 자신을 약한 인간이 아니라 고귀한 인간이라고 합리화한다. 이런 맥락에서 니체는 전통적인 도덕의 역사란 사실은 자신들이 허약한 탓에 고통을 당하는 무력한 자들이, 자신들이야말로 가장 선한 인간들이라고 주장하면서 강하고 탁월한 자들로부터 지배권을 박탈하려고 한 역사라고 말하고 있다.

## 선악의 피안에 서라

이상적인 노예(선한 인간)—자신을 '목적'으로서 정립할 수 없고 자신으로부터 목적을 결코 정립할 수 없는 인간은 자기 포기(Entselbstung)의 도덕에 헌신한다—그것도 본능적으로. 그의 영리함, 그의 경험, 그의 허영심—이 모든 것이 그로 하여금 그러한 도덕을 신봉하도록 설득한다.

《힘에의 의지》

노예적 사유방식에서 선은 어떠한 경우에도 위험하지 않은 인간이어야 한다는 것이다. 그는 착해서 속이기 쉽고 약간 미련하며 아마 호인(unbonhomme)이다.

《선악의 피안》

◆ 니체에 의하면 도덕적 규범을 신이나 양심에 의해서 주어진 무조건적인 명령으로 생각하는 전통적인 도덕관은 노예적 사유방식의 한 발현일 뿐일다. 전통적인 도덕관에 사로잡혀 있는 인간들은 자신을 포기하고 '높은 곳'으로부터 오는 도덕적 규범에 순종하고 복종하는 것을 선이라고 생각한다. 이에 따라 복속, 순종, 예속, 굴종, 겸손이 근본적인 덕으로서 간주된다. 이에 대해서 지배, 정복, 긍지는 악한 것으로서 간주된다. 이에 따라서 결코 남에게 두려움을 주지도 않고 순박하기 그지없는 인간이 선한 인간으로 간주된다.

전통적인 도덕관은 선을 악과의 대립에서 생각하며 무조건적으로 선한 것이 있는 반면에 무조건적으로 악한 것이 존재한다고 생각한다. 니체는 이에 대해서 이러한 대립적인 사고방식을 떠나서 '선악의 피안'에 설 것을 촉구한다. 이는 결코 전통적인 도덕규범을 버리고 전통적으로 악으로 규정되어 온 것을 행하라는 것이 아니다. 그는 단지 모든 도덕을 힘에의 의지의 입장으로부터 고찰하고 힘에의 의지를 강화시킬 수 있는 새로운 도덕규범을 창조할 것을 촉구하는 것이다.

전통적으로 주어진 도덕적 규범에 맹목적으로 복종하는 자는 인간 자신이 그러한 규범 자체를 정립한 자라는 사실을 망각하고 그러한 규범에 힘을 갖게 하고 자신은 무기력해지려는 자이다. 전통적인 도덕은 이렇게 허약한 노예들의 정신이 정립한 것이다.

## 제도화된 기독교 교회의 본질

'복음'의 심리학 전체를 통해서 죄라든가 형벌 같은 개념은 존재하지 않는다. 보상이라는 개념도 마찬가지이다. '죄'라든지, 신과 인간 사이의 거리는 존재하지 않는다. 바로 이것이야말로 복음인 것이다.

… '신앙'이 기독교도와 비기독교도를 구별하는 척도가 아니다. 기독교도는 행동에 의해서 자신을 구별한다.

자기 자신에 대해서 악의를 품고 있는 자를 향해서 말로도 마음으로도 저항하지 않는 것.

이방인과 이웃사람, 유태인과 비유태인을 조금도 차별하지 않는 일.

누구에 대해서도 성내지 않고 누구도 경멸하지 않는 일.

법정에 서는 일도 없고, 또 변호되기를 바라지도 않는 일.

어떤 경우에도, 심지어 아내의 부정이 입증된 경우에도 아내와 헤어지지 않는 일.

… 구세주(예수)의 삶은 이러한 실천 이외의 아무것도 아니었다. 그의 죽음조차도 말이다.

《안티크리스트》

진정한 기독교도는 사실은 오직 한 사람 밖에 없었다. 그리고 그 사람은 십자가 위에서 죽은 것이다. '복음'은 십자가 위에서 죽은 것이다. 그 이후로 '복음'이라고 불리고 있는 것은 이미 그가 살아 온 것의 정반대였던 '나쁜 소식'—화음(禍音)이었다.

《안티크리스트》

◆ 니체는 예수의 이념과 제도화된 기독교를 서로 구별하고 있다. 제도화된 기독교를 만들어낸 성직자들이야말로 강한 자들에 대한 약자들의 원한에 입각한 노예도덕의 주창자들이다.

예수가 원래 비판하고 타기했던 것을 제도화된 교회는 수용하고 있다. 예수는 어떤 이유로든 인간들이 서로를 증오하고 고소하며 서로에 대해서 화를 내는 것, 복수하고 벌을 주는 것을 배척했다. 예수는 강한 자들에 대한 원한을 포함하여 모든 종류의 원한과 질시를 배척한다. 그는 무조건적인 사랑을 실천했다.

이에 대해서 교회는 복종하는 자에게는 천국의 보상을 약속하고 그렇지 않은 자는 지옥의 형벌로 위협한다. 교회는 지배욕과 복수욕의 화신이 되었다. 제도화된 교회란 니체에 따르면 교활한 성직자들이 자신들의 지배욕을 충족시키기 위해서 만들어낸 것이다. 성직자들은 비열한 약자대중이 고귀한 강자에 대해서 품고 있는 원한감정을 이용하면서 자신들의 지배욕을 채우고자 한다. 성직자들은 가난하고 약한 자들이야말로 하늘나라에서 구원을 받는다고 대중에 아부한다. 그들은 이렇게 대중을 선동함으로써 강한 귀족들로부터 지배권을 탈취한 후에는 대중의 목자로서 이들의 복종을 요구하며 이들이 복종하지 않을 경우에는 신의 노여움과 지옥불로 협박한다.

노예도덕은 만인의 평등을 주창하지만 생명이 있는 모든 곳에는 능력에 따라서 위계가 존재할 수밖에 없기 때문에 노예도덕이 지배하는 곳에서도 목자를 자처하는 자들과 그렇지 않은 자들의 위계가 성립할 수밖에 없다. 다만 니체가 보기에 이러한 목자들은 진정한 힘이 아니라 대중들의 원한을 이용하는 교활함만을 가지고 있기에 사실은 지배할 자격이 없는 자들이다. 파레토식의 표현을 빌리면 니체가 말하는 초인이 사자처럼 솔직담백하고 진정한 힘에 넘친 엘리트라면 성직자들은 여우처럼 간교한 엘리트들이다.

성직자들에 대한 비판을 니체는 대중들에 아부하여 정권을 잡고자 하는 민주주의나 사회주의 하의 정치가들에게도 하고 싶었을 것이다.

## 지나치게 도덕에 집착하는 인간은 타인들을 단죄하고 싶어 한다.

도덕적인 뉘앙스에 대해서 섬세한 소질을 타고났다고 생각되기를 바라는 사람이 있다. 그런 사람들을 경계하자. 그들은 우리 앞에서 (또는 우리에 대해서) 한 번이라도 자기가 실책을 하면 우리를 용서하지 않는다. 그런 사람들은 그 후로도 역시 '친구'이긴 하지만 본능적으로 우리를 비방하고 손해를 입히는 일을 그치지 않는다. 잘 잊어버리는 자에게는 복이 있을 것이니, 그들은 우리의 어리석음도 잊어버리기 때문이다.

《선악의 피안》

도덕적으로 비판하거나 판결한다는 것은 옹졸한 정신을 지닌 사람이 그렇지 않은 사람들에게 즐겨 행하는 복수 방법이다. 한편으로는 자기가 아무리 해도 옹졸하게 타고났다는 데 대한 일종의 보상심리이기도 하다.

《선악의 피안》

우리는 도덕의 전횡을 시정하지 않으면 안 된다. 그리하여 '한 사람한테 올바른 것은 다른 사람에게도 올바르다'는 것이 결국은 부도덕한 것임을 깨닫게 하지 않으면 안 된다.

《선악의 피안》

◆ 도덕에 편집광적인 집착을 보이는 사람을 니체는 옹졸한 정신의 소유자라고 보고 있다. 그는 도덕을 외면적으로 철저하게 추종함으로써 타인에 대한 우월성을 확보하고자 한다. 따라서 그는 타인들의 도덕적인 결함에 민감하며 그때마다 단죄하려고 한다. 아울러 그는 자신의 도덕적 실책이 타인에게 드러날 경우에는 자신의 우월감이 손상되었다고 느끼기 때문에 그 타인들을 용서하지 않는다.

그들은 도덕에 대한 집착을 통하여 우월의식을 확보하려고 할 뿐 아니라, 자신의 삶에 확고한 안정감을 주려고 한다. 그들은 고정된 율법에 안주함으로써 끊임없이 변화하는 현실에 대한 불안에서 벗어나려고 하는 것이다. 그러한 자들은 도덕적인 율법주의에 빠져 있는 자들이다. 율법주의자들은 얼핏 보기에 고결한 듯이 보이지만, 사실은 율법의 노예가 되어 있는 자들이다. 이들은 그러한 율법에 철저하게 복종하는 대가로 안정을 얻고자 한다.

## 귀족주의적인 계층사회가 이상적이다.

나의 철학은 위계질서를 목표하며 결코 개인주의적 도덕을 목표하는 것이 아니다.

《힘에의 의지》

지금까지 이 '인간'이라는 종이 향상되어 온 것은 귀족 사회의 소산이었으며 앞으로도 또한 그럴 것이다. 이 귀족 사회는, 인간과 인간 사이에는 가치의 차이와 많은 등급의 계급 서열이 존재한다는 것을 믿으며, 어떠한 의미에서든 노예 제도를 필요로 하고 있다. 각 계층 간에 뿌리 깊은 차이가 존재할 때, 그리고 지배계급이 항시 예속자들과 도구들을 경원하고 경멸하며 복종과 명령, 억압과 경원이 일반화될 때 거리의 파토스가 싹트게 되는데 이것이 없다면 또다른 보다 신비한 파토스 역시 자라날 수 없었을 것이다. 즉 영혼 그 자체 안에서의 간격을 새로이 확장하려는 끊임 없는 갈망, 보다 높고, 보다 희귀하며, 보다 특이하고, 보다 넓으며, 보다 포괄적인 상태로의 발전은 기대할 수 없다. 좀더 간단히 얘기한다면 '인간'이란 종의 향상, 지속적인 '인간의 자기초극'—초도덕적인 의미의 도덕적 공식을 빌려서 말한다면—은 기대할 수가 없는 것이다.

《선악의 피안》

◆ 니체는 개인주의적 고립을 주장하는 사상가가 아니다. 그는 힘의 강약에 의하여 인간 간의 위계질서를 확립하는 것을 목표한다. 그는 진정으로 지배할 자격이 있는 자들이 지배하고 그렇지 못한 자들은 시기하지 않고 흔쾌히 복종하는 사회의 건립을 목표한다. 니체는 이러한 사회는 민주주의자나 사회주의자가 생각하는 것처럼 인간본성과 모순되는 것이 아니라 오히려 부합한다고 생각한다. 언제 어디서나 지도자와 피지도자가 있기 마련이고 대다수의 사람들은 보다 탁월한 사람들의 정신적 지도 밑에서 일하게 되면 행복한 느낌을 갖는다는 것이다.

위계질서를 주창하는 도덕은 고귀하고 강력한 자들을 높은 위치에 앉히고 저급하고 비천하며 범속한 자들을 낮은 위치에 앉히려고 하는 '거리의 파토스(열정)'에 의해서 유지된다. 이 '거리의 파토스'야말로 귀족사회가 장기간에 걸쳐서 육성하여 온 본래의 도덕 감정이었다. 이것으로 인하여 정신적으로 상위에 있는 자들이 하위의 자들을 지배하는 위계질서가 가능하게 된다. 아울러 그것을 통하여 인류는 고양되어 가고 인간의 극기도 계속되어 왔던 것이다. 지금까지의 인류문화의 고귀한 유산은 이러한 거리의 파토스에 의해서 태어났고 유지되어 왔다. 이에 대해서 모든 인간들의 평등을 내세우는 인도주의와 민주주의 그리고 사회주의는 그러한 거리의 파토스를 제거함으로써 인간들을 보다 탁월한 존재가 되도록 노력하게 하는 열정도 제거하게 되었다. 그것들은 향상을 위해서 노력하는 것을 저지하고 모든 인간들을 평등의 이름으로 하향평준화한다는 것이다.

## 위계질서의 제거는 문명의 몰락을 가져온다.

오늘날 유럽인들은 공통적으로 다음과 같은 점을 인정하기를 몹시 꺼려하고 있다. 사람들은 도처에서 심지어는 학문적인 형식을 빌려서까지 '착취'가 없는 미래의 사회상을 창조하는 데 열중해 있다. 그러나 내게는 이것이 마치 일체의 유기적 기능이 정지된 생명 상태를 창조하겠다는 약속과 다름 없는 것으로 들린다. 부패하고 불완전하며 원시적인 사회에서만 착취가 성행하는 것은 아니다. 그것은 유기체의 근본적인 기능으로서 살아 있는 것의 본질에 속한다. 그것은 생명의 의지라고 할 수 있는 힘에의 의지의 소산이다. 생명의 본질을 힘에의 의지로 보는 것은 극히 새로운 이론일지도 모르지만, 힘에의 의지는 실제로는 모든 역사의 본질을 이루는 것이다.

《선악의 피안》

◆ 니체는 동물들 간에 사나운 맹수가 있고 순한 초식동물이 있는 것처럼 인간 사회에서도 강한 자와 약한 자, 탁월한 자와 열등한 자가 존재한다고 본다. 이는 생명의 본래 모습이기 때문에

도저히 바꿀 수 없다. 강하고 탁월한 자가 약하고 열등한 자 위에 군림하는 위계질서는 니체가 보기에 당연하며 사실상 인간 역사의 본질을 형성하는 것이다. 이러한 위계질서는 보다 더 강하고 우월한 인간이 되려는 경쟁을 부추김으로써 강인하고 탁월한 문명을 육성하는 데 기여해 왔다.

이러한 위계질서를 제거하고 인간들 간의 지배와 경쟁을 제거하려 할 경우에는 인간들의 생명력이 질식당하고 그 결과 문명의 몰락이 야기될 것이다. 니체가 아마 오늘날 살아 있었다면 동구사회주의의 몰락이 그러한 사실을 입증한다고 보았을 것이다. 그리고 인간들 간의 다양한 위계와 경쟁을 제거하려는 시도는 오히려 평준화된 국민들과 그러한 국민들 위에 절대적인 권력을 갖는 관료계급을 낳는다. 얼핏 보기에 가장 인도주의적인 생각이 가장 괴물 같은 체제를 낳을 수 있는 것이다.

## 노예도덕의 필요성

높은 수준의 문화는 오직 폭넓은 지반 위에서만, 즉 강하고 건강한 범용 위에서만 존재할 수 있다. 그것의 봉사를 받는 것에 의해서 과학은 발전한다. 그리고 이는 예술에 대해서조차 타당하다. 과학은 자신에게 [이렇게 봉사를 받는 것]보다 더 나은 것을 원할 수 없다. 과학은 그러한 것으로서 중간 정도의 인간에게 속한다. 즉 그것은 예외적인 인간들에게는 부적당한 일이다.

그것은 귀족적인 성격을 갖고 있지 않으며 자신의 본능 속에 무정부주의적인 성격은 훨씬 덜 가지고 있다.

《힘에의 의지》

인간의 왜소화는 오랫동안 유일한 목표로서 간주되어야만 한다. 보다 강한 종류의 인간이 설 수 있기 위해서는 하나의 폭넓은 기초가 창조되어야 만 하기 때문이다.

《힘에의 의지》

어떻게 범용한 자들에게 그들의 범용성을 싫어하게 할 수 있는가? 보라. 나는 정반대의 것을 행한다. 범용성으로부터의 모든 이탈은 비도덕적인 것에로 이끈다고 가르친다.

《힘에의 의지》

범용성에 대한 증오는 철학자의 품위에 어울리지 않는다.

《힘에의 의지》

◆ 니체는 노예도덕 자체를 부정하고자 하지는 않는다. 그것이 대중을 교화하여 진정한 지배자에 봉사하게 하는 한 그것은 긍정적인 의의를 갖는다. 지배자는 자신의 목적을 실현하기 위해서는 겸손하고 사심 없이 부지런하게 일하는 범용한 이상적인 노예들인 과학자나 노동자들을 필요로 한다. 이를 위해서 지배자는 노예들을 충직한 노예로 육성할 노예적인 윤리를 필요로 한다. 지배자

는 범용한 자들에게 그들의 범용한 행복을 허용해야만 하며 그들이 그들의 범용함에 자족하도록 항상 새로운 수단을 생각해 내지 않으면 안 된다.

노예도덕이 위험하고 유해한 것이 되는 것은 그것이 노예와 대중을 달콤한 말로 유혹하여 위계질서를 부정하게 만들려고 할 경우이다. 범용한 인간들은 지배자가 되어서는 안 된다. 그는 인간이 어떤 유형의 인간이 되어야 하는지에 대해서 기준이 되어서는 안 되는 것이다.

## 근대민주주의는 유능한 노예들을 산출하는 데 기여한다.

'문명'이라든가 '인도주의화'라든가 '진보'야말로 오늘날의 유럽이 구현하고자 하는 것이다. 정치적 용어로 보다 단적으로 말하면 민주주의 운동이야말로 오늘날의 유럽을 규정하고 있는 근본 흐름이다. 민주주의 운동과 연관된 모든 도덕적 정치적 현상의 배후에는 하나의 거대한 생리학적인 작용이 활발하게 진행되고 있다. 즉 유럽인들은 서로서로 닮아가고 있다. 그들은 특수한 환경 및 계급과 긴밀하게 연관되어 있는 민족형성의 여러 조건들에서 점점 이탈하고 있다. 그들은 여러 세기에 걸쳐서 지속적으로 같은 요구를 반복함으로써 그 민족의 육체와 정신 양면에 그 민족 고유의 특성을 새겨주었던 특수한 환경으로부터 점차 벗어나고 있다. 그리하여 본질적으로 초민족적이며 유목민적인 인간형, 즉 생리학적으로 말해 그 전형적인 특징으로서 최대한의 적응력과 적응 기술을 지니고 있는 인간형이 점차 그 모습을 드러내고 있다.

…

이러한 미래의 유럽인은 아마도 의지가 박약하고 아무 데나 써먹을 수 있으며 수다스런 노동자가 될 것이다. 그리고 그들은 그날 그날의 빵을 필요로 하듯이 지배자와 명령자를 필요로 하게 될 것이다. 유럽의 민주화는 가장 정확한 의미의 노예제도에 부합되는 인간형을 낳는 반면에 이 시기에 출현하는 개별적이고 예외적인 강한 인간은 편견이 배제된 교육과 기술의 놀라울 만한 다양성 때문에 분명히 과거 어느 때보다 강력하고 풍부한 인간이 될 것이다. 내가 말하고자 하는 바는, 유럽이 민주화된다는 것은 동시에 본의 아니게 압제자—가장 정신적인 의미를 포함한 전체적인 의미에서 그 말을 사용한다면—의 양성을 준비한다는 점이다.

《선악의 피안》

◆ 니체가 지향하는 사회는 하나의 민족적인 차원에서가 아니라 유럽 전체적인 차원에서 소수의 탁월한 귀족적인 인간들이 범용한 다수를 지배하는 사회이다. 그러나 그는 근대의 민주주의가 장차 도래할 귀족적인 인간들의 지배를 위해서 유리한 조건을 조성하고 있다고 생각한다. 그리고 그런 한에서 그는 근대의 민주주의를 긍정적으로 보고 있다.

근대의 민주주의는 모든 민족적 차이를 넘어서 평균화된 대중을 낳는다. 이러한 대중들은 부지런하며 여러 가지로 써먹을 수 있는 유용한 인간들이다. 아울러 근대에 출현할 예외적인 인간들은 종교적인 편견을 비롯한 모든 종류의 전통적인 편견에서 벗어나서 자유자재하며 강한 인간이 될 것이라고 니체는 보고 있다. 유럽이 민주화됨으로써 유럽을 지배할 새로운 계급이 육성되는 것과 동시에 이러한 계급을 뒷받침하는 폭넓은 대중적 지반이 형성되고 있다는 것이다.

### 사회란 개인의 자기실현을 위한 수단이다.

귀족정의 근본적인 신조는 사회란 사회 자체를 위해서 존재해서는 안되고, 선택된 종족이 자신을 보다 높은 수준으로, 즉 보다 고귀한 존재상태에로 끌어올리기 위한 토대나 발판으로서 존재해야 한다.

《선악의 피안》

◆ 니체에게 사회란 목적이 아니라 하나의 수단에 지나지 않는다. 사회는 그것이 인간들을 고양시키는 한에서만, 소수의 탁월한 인간들이 자신을 보다 탁월한 존재로 만들 수 있는 토대가 되는 한에서만 정당화된다. 사회는 귀족적인 인간들이 자신을 실현하기 위한 수단에 불과하다.

# 11. 신은 죽었다

## — 니힐리즘의 극복에 대해서

## 신은 죽었다.

광인: 밝은 오전에 등불을 켜들고 광장에 달려나와 '나는 신을 찾는다! 나는 신을 찾는다!'라고 끊임없이 외치던 저 광인에 대해서 그대들은 들은 적이 없는가? 마침 광장에는 신을 믿지 않는 많은 사람들이 한데 모여 있어 그는 큰 웃음거리가 되었다. '신이 없어졌나 보지?'라고 어떤 사람은 말했고, '신이 어린 아이처럼 길을 잃었나 보지?'라고 다른 사람은 말했다. '아니면 신이 숨어 있나 보지?' '신이 우리를 두려워하나 보지?' '신이 항해를 떠났나?' '아니면 신이 이민을 갔나?'라고 그들은 떠들썩하게 소리치며 비웃었다. 광인은 그들 한가운데로 뛰어들어가 그들을 꿰뚫는 듯한 시선으로 노려보았다. '신이 어디로 갔느냐고?' 그는 소리쳤다. '내가 그대들에게 말해주마! 우리가 신을 죽였다! 너희들과 내가 말이다. 우리 모두가 그의 살해자이다! 하지만 우리가 어떻게 그렇게 엄청난 일을 했을까? … 이 지구를 태양의 사슬로부터 풀어놓았을 때 우리는 무슨 일을 저질렀는가? 지구는 이제 어디로 움직이고 있는가? 우리는 어디로 가고 있는가? 모든 태양들로부터 멀어져 가고있는 것은 아닌가? 계속 추락하고 있는 것은 아닌가? 뒤로, 옆으로, 앞으로, 모든 방향으로 말이다. 아직도 위와 아래가 존재하는가? 우리는 무한한 무를 통과하는 것처럼 방황하고 있는 것은 아닌가? 텅 빈 공간의 숨결이 우리를 감싸고 있는 것은 아닌지? 더 추워지지 않았는가? 더욱더 칠흑 같은 밤이 계속되지 않을

까? 밝은 오전에도 등불을 밝혀야 하지 않을까? 신을 파묻은 자들의 소란에 대해서 우리는 아직도 아무것도 듣지 못하고 있는가? 우리는 아직도 신의 시체가 부패해 가는 냄새를 전혀 맡지 못하고 있는가?' … 여기서 광인은 입을 다물고 청중을 둘러보았다. 그들 역시 입을 다물고 놀란 눈으로 그를 바라보았다. 마침내 그는 자신의 등불을 땅에 내동댕이쳤다. 등불은 산산조각이 나고 불은 꺼져 버렸다. '나는 너무 일찍 왔다.' 그는 계속 말했다. '나의 때는 아직 오지 않았다. 이 엄청난 사건은 아직 도상(途上)에 있고 배회 중에 있다. 그것은 아직 인간의 귀까지 도달하지 못했다. 번개와 천둥도 시간이 필요하다. 별빛도 시간이 있어야 한다. 행위들도 비록 이미 행해진 것이라도 보여지고 들려지기 위해서는 시간이 있어야 한다. 이 행위는 인간에게는 아직도 가장 멀리 있는 별보다도 더욱 멀리 있다. 그런데 바로 그들 자신이 그것을 행한 것이다.'

소문에 의하면 그 광인은 그날 여러 곳의 교회에 뛰어들어 자신이 작곡한 '신의 영원진혼곡 Requiem aeternam deo'를 불렀다고 한다. 밖으로 끌려나와 심문을 받았을 때 그는 오직 다음과 같은 말만 계속했다고 한다. '만일 신의 무덤과 묘비가 아니라면 이 교회들은 도대체 무엇이란 말인가?'

《즐거운 지식》

◆ 전통 형이상학과 기독교에서는 이데아나 신과 같은 절대적이고 영원한 존재와의 합일을 통해서 영원을 얻는다는 데에 삶

의 의미가 있다고 믿어왔다. 그러나 근대인들은 그러한 존재에 대한 믿음을 상실하게 되었다. 근대인들이 절대적이고 영원한 존재에 대한 믿음을 상실하게 되어 그러한 존재가 더 이상 우리의 삶에 영향력을 갖지 못하는 상황을 니체는 '신은 죽었다'라고 표현하고 있다. 신이 죽은 상황에서 이제 남는 것은 무수한 노고와 고통에도 불구하고 언젠가는 사멸에 처하는 허망하기 그지없는 적나라한 삶뿐이다. 이러한 상황에서 사람들은 왜 우리가 살아야 하는가, 라고 묻게 된다. 그러나 어디에도 대답은 없다.

이 단편에서 신은 태양에 비유되고 있고, 신의 죽음으로 인해 야기된 상황은 지구가 태양을 도는 궤도로부터 이탈한 상황에 비유되고 있다. 사물의 윤곽을 밝혀주던 태양이 빛을 잃었기에 이제 지구는 칠흑 같은 어둠 속에서 헤맬 수밖에 없다. 위도 아래도 존재하지 않으며, 지구는 무한한 무를 통과하는 것처럼 방황하게 된다. 또한 지구는 태양의 온기를 더 이상 받지 못하고 있기 때문에 갈수록 추워지게 되고 만물은 더 이상 생장하지 않게 된다.

따라서 광인은 이제 밝은 오전에도 아니 심지어 대낮에도 등불을 밝혀야 하지 않느냐고 묻는다. 신의 죽음이란 사태는 바로 이와 같은 비극적인 의미를 갖는다. 그것은 지금까지 인간의 삶에 방향과 살아갈 힘을 부여했던 것의 사멸을 의미한다. 이러한 비극적인 상황에 임하여 인간은 어떻게 자신을 위로할 것인가라고 광인은 묻고 있다.

그럼에도 광인은 인간이 보다 더 고귀한 역사를 건립하기 위해서는 신을 살해하지 않으면 안 되었다고 말하고 있다. 신의 살해가 이렇게 보다 고귀한 역사를 형성하기 위한 사건으로 전환하기 위해서는 인간 자신이 신이 되지 않으면 안 된다. 인간 자신이 모든 의미와 척도를 부여하는 자가 되지 않으면 안 된다는 것이다.

그러나 광인은 사람들이 자신을 이해하지 못하는 것을 보면서 자신이 너무 일찍 왔다는 사실을 깨닫게 된다. 사람들은 자신들이 어떤 상황에 처해 있는지를 깨닫지 못하고 있다. 사람들은 자신들이 신의 죽음에서 빚어진 암흑 속에 존재하는데도 여전히 밝은 상태에서 존재한다고 생각한다. 사람들은 이미 자신들이 신의 지배를 거부하고 신을 살해했음에도 여전히 자신들이 신을 믿고 있다고 생각한다. 광인이 보기에 사람들이 아직도 여전히 신을 섬기기 위해서 드나드는 교회란 사실은 신의 무덤과 묘비에 지나지 않는다. 광인은 다만 신이 죽었다는 사실과 그것이 갖는 의미를 통찰하지 못하는 사람들에게만 미친 자로 나타날 뿐 사실은 이 시대의 본질을 가장 잘 꿰뚫어 보고 있는 현자(賢者)다.

## 니힐리즘의 대두

이 책에서 다가 올 2세기의 역사에 대해서 말하고자 한다. 나는 필연적으로 닥쳐올 수밖에 없는 니힐리즘의 도래에 대해서 말하고 있는 것이다. 이 역사에 대해서 우리는 이제 말할 수 있다. 왜냐하면, 필연성 자체가 여기에 작용하고 있기 때문이다. 이 미래는 벌써 백여 가지 징후 가운데 드러나 있으며, 이 운명은 도처에서 자신을 고지하고 있다. 미래의 이 음악에 모든 귀가 이미 쏠려 있는 것이다. 모든 유럽문화는 해가 갈수록 심해지는 긴장에 찬 고통을 수반하면서 이미 오래 전부터 일종의 파국을 향해서 돌진하고 있는 것 같다. 흡사 불안하고 횡포하게 굽이치면서 종점을 향해서 치달리는 홍수와 같이. 자신을 돌아보기가 두려워 맹목적으로 앞으로 돌진하는 홍수처럼 말이다.

《힘에의 의지》

니힐리즘이 문 앞에 서 있다. 모든 방문객들 중에서 가장 섬뜩한 자인 이것은 어디에서 비롯되었는가?

《힘에의 의지》

◆ 니체는 '신이 죽은' 우리의 시대를 니힐리즘(nihilism)이 지배하는 시대라고 말하고 있다. 니힐리즘이란 단어의 니힐(nihil)은 공허한 무를 의미하는 라틴어이며, 니힐리즘은 보통 허무주의라고 번역한다. 니힐리즘이란 우리의 삶과 세계에는 어떠한 가치도 의미도 없고 무게도 없으며 오직 공허한 무만이 있을 뿐이라는 생각 내지 기분이다.

니체는 니힐리즘이야말로 다가올 2세기 동안의 유럽문화가 직면하고 있는 최대의 위협이라고 보았다. 그것은 모든 방문객 중에서 가장 섬뜩한 자이다. '섬뜩하다'를 의미하는 독일어 'unheimlich'는 인간이 '친숙하고 아늑한 집에 있는 것처럼 느낄수 없는 상태'를 의미한다. 니힐리즘의 상태란 모든 것이 그동안의 친숙한 의미를 상실하면서 낯설게 되고, 황폐하고 냉랭한 공허만이 존재하는 상태다.

현대는 풍요와 안정을 구가하는 시대 같지만 사실은 정신적인 빈곤과 황폐 그리고 공허가 지배하는 시대다. 사람들은 누구나 평화와 인류애를 외치지만 대량살상 무기들을 끊임없이 생산하고, 제대로 쓰지도 않고 버릴 소비물자들을 생태계를 파괴하면서까지 양산하고 있다. 사람들은 황금빛 미래를 약속하는 이데올로기나 사이비 종교의 노예로 전락하거나 물질적 안락이나 향락에 눈이 멀어 있고, 낮에는 일에 정신없이 몰두하다가 밤에는 소란스럽고 자극적인 음악과 영화에 몰입한다.

이러한 모든 현상들은 사실은 니힐리즘이란 운명이 우리를 지배하고 있다는 것을 고지하는 징후들에 불과하다. 그것들은 사람들이 자신들을 현란한 삶의 이면에서 지배하고 있는 공허와 불안에서 벗어나기 위한 단발마적인 몸부림인 것이다. 니체는 니힐리즘의 지배라는 이 운명이 우리를 결국 파국으로 몰아 넣을 것이라고 생각한다.

그러나 근본적인 문제는 니힐리즘이란 운명 자체에 있는 것이 아니라 어느 누구도 이러한 니힐리즘이 어디서 비롯되는지 그리고 어떻게 극복될 수 있는지에 대해서 숙고하지 않는다는 데 있다. 니힐리즘이란 낯선 손님은 우리의 태도 여하에 따라서는 파국이 아니라 은총이 될 수도 있기 때문이다. 그러나 사람들은 자신을 지배하고 있는 공허한 무를 직시하면서 그것에 대해서 생각하는 것을 두려워하며 오직 그것에서 도피하려고 할 뿐이다. 사람들은 니힐리즘과 과감하게 대결하지 않고 도피하려고 하면 할수록 니힐리즘은 오히려 우리를 더 강력하게 죄어 온다는 사실을 깨닫지 못하고 있다.

## 니힐리즘이란 무엇인가?

인간, 이 가장 용감하고 괴로움에 익숙한 동물은 괴로움 자체를 거부하지는 않는다. 아니 괴로움의 의미, 괴로움의 목적이 제시된다면, 인간은 괴로움을 바라고 괴로움을 찾기까지 한다. 괴로움 그 자체가 아니라, 괴로움을 겪는 것이 의미가 없다는 사실이 바로 이제까지 인류에 내린 저주였다.

《도덕의 계보》

니힐리즘이란 무엇인가? 그것은 최고의 가치들이 자신의 가치를 상실한다는 것이다. 목표는 (더 이상) 존재하지 않는다. '왜'라는 물음에 대한 답이 존재하지 않는 것이다.

《힘에의 의지》

◆ 인간은 의미를 추구하는 존재이다. 인간은 자신이 어차피 죽어야 하는데도 왜 이 힘든 삶을 살아야 하는지에 대해서 묻는다. 인간이 가장 두려워하는 상태는 기아도 죽음도 아니고 오히려 이러한 근본적인 물음에 대해서 어떠한 답도 존재하지 않는 상태이다.

인간은 자신을 헌신할 수 있는 존재의 이유와 의미를 찾는다. 인간은 숭고한 의미와 이념을 위해서 죽음도 불사할 수 있는 반면에, 자신을 바칠 수 있는 어떠한 의미도 이념도 없을 경우에는 공허감과 권태감에 시달리게 된다. 니힐리즘이란 '내가 왜 살아야 하는가'라는 물음에 대해서 어떠한 답도 주어져 있지 않은 상태이다.

근대인이 직면하고 있는 이러한 니힐리즘은 어디서 비롯되었는가? 니체는 그것을 최고의 가치들이 자신의 가치를 상실한 데서 찾고 있다. 여기서 최고의 가치들이란 서구의 전통적인 형이상학이 말하는 이데아나 절대정신 그리고 기독교에서 말하는 신처럼 인간의 삶에 의미를 부여하는 절대적인 존재들을 말한다.

사람들은 이데아나 절대정신과의 합일을 기대하거나 신이 지배하는 내세에서 거주하게 될 날을 기대하면서, 무의미하게만 생각되는 현실의 고통을 견딜 수 있었고 그것에서 의미를 찾을 수 있었다. 이렇게 삶의 지주였던 절대적인 것들을 인간이 만들어낸 허구로 통찰하게 되면서 근대인들은 더 이상 믿지 않게 되었다. 이렇게 최고의 가치들이 붕괴함으로써 우리는 그것들의 지배에서 해방되었으나 다른 한편으로 이제 더 이상 삶의 의미에 대한 답을 갖지 못하는 상황에 처하게 되었다.

## 니힐리즘과 허무감의 지배

근본적으로 어떠한 사태가 일어났는가? '목적'의 개념으로도

'통일'이라는 개념으로도 '진리'라는 개념으로도 현실의 총체적 성격이 해석되어서는 안 된다는 사실을 깨달을 때 가치 상실감이 지배하게 된다. 현실을 통해서 어떠한 목적도 달성되지도 도달되지도 않으며 사건들의 다양성 안에는 어떠한 포괄적인 통일도 존재하지 않고, 현실은 '참된' 것이 아니라 거짓된 것이며 … 사람들은 참된 세계를 신봉할 어떠한 근거도 전혀 갖지 못한다 … 단적으로 말해서 우리가 세계에 가치를 부여하기 위해 사용한 '목적', '통일', '존재'라는 범주들은 우리에게서 박탈되는 것이며, 이제 세계는 무가치하게 나타난다.

《힘에의 의지》

◆ 지금까지 사람들은 우연과 무상이 지배하는 것 같은 이 세계가 사실은 어떤 목적을 갖고 있거나, 아니면 눈에 보이지 않는 통일적 질서가 이 세계를 지배하고 있다고 생각했다. 혹은 사람들은 이 세계를 가상으로 생각하면서 피안에 영원하고 절대적인 참된 세계가 있다고 생각했다. 그러나 근대인들은 이제 세계에는 그 어떠한 목적도 통일된 질서도 없으며 아울러 참된 세계도 존재하지 않는다는 것을 깨닫게 되었다. 사람들은 이제 그것들이 인간의 단순한 상상물이라는 것을 알게 되었다.

플라톤이 말하는 이데아의 세계나 기독교의 신과 같은 것은 우리 인간이 삶의 무상함을 견디기 위해서 만들어낸 신기루에 지나지 않는다. 사람들은 궁극적으로는 자신의 삶에 힘과 가치를 부여하기 위해서 그러한 환상적인 이념들과 존재를 만들어낼 뿐이다. 그런데 사람들은 그것들을 자신의 상상에서 비롯된 것으로 자각하지 못하고 인간으로부터 독립해서 존재하는 실재로서 간주해 왔다.

근대인들은 그러한 최고의 가치들이 인간의 상상에 의한 허구에 불과할 뿐이라는 사실을 깨닫게 되지만 그와 아울러 삶과 세계가 지향해야 할 가치와 의미가 이제는 더 이상 존재하지 않는다는 허무감에 사로잡히게 된다. 근대인들은 어떠한 목적도 의미도 없이 생성소멸하는 현실에 직면하게 되는 것이다.

### 니힐리즘과 성실의 덕

기독교의 몰락—그 도덕에 의한 몰락, 이 도덕이 신을 배반한다.
《힘에의 의지》

… 더욱 중요한 것은 차라투스트라는 다른 어떤 사상가보다도 진실하다는 것이다. 그의 교설은 최고의 덕인 진실(Wahrhaftigkeit)을, 즉 현실에 부딪혀서 도망치는 이상주의자의 특성인 비겁(Feigkeit)과는 정반대의 것을 지니고 있다. 차라투스트라는 모든 사상가들의 용기를 다 모아 놓은 것보다도 더 많은 용기를 지니고 있다. 진리를 말하고, 곧잘 화살을 쏜다는 것, 그것이 페르시아인의 덕이다. 내가 말하는 것을 아는가? … 진실성에서 비롯되는 도덕의 자기초극, 도덕가를 그 반대쪽으로—나에게

로—초극시키는 것, 이것이 내 입으로 말하는 차라투스트라라는 이름의 의미이다.

《이 사람을 보라》

◆ 니체는 근대인들이 어떻게 해서 전통 형이상학이나 기독교가 진정한 실재라고 생각한 최고의 가치들을 허구라고 깨닫게 되었는지를 분석하고 있다. 니체는 그 근본원인을 근대인들이 기독교가 육성한 진실성이란 덕을 철저하게 계승한 데서 찾고 있다.

계몽주의의 대두 이래 사람들은 자연재해나 질병과 같은 자연현상의 원인을 신의 분노와 같은 초자연적인 영역에서 찾지 않고 자연 자체에서 찾기 시작했으며 자연에서 발견한 법칙을 통하여 자연을 지배하는 기술을 발전시키기 시작했다. 그리고 사람들은 그동안 영원불변하고 절대적인 것으로 간주되어 왔던 도덕률 역시 신이 인간에게 내린 계율이 아니라 인간들이 만들어낸 규율에 지나지 않는다는 사실을 깨닫게 되었다.

기독교는 진실과 성실을 중요한 미덕으로서 강조한다. 그러나 기독교가 육성한 진실과 성실이란 덕은 오히려 기독교를 붕괴시키는 요인으로 작용하게 된다. 사람들은 진실을 추구하면서 기독교의 허구성을 깨닫게 되는 것이다. 니체는 이러한 의미에서 기독교 자신이 육성한 도덕성에 의해서 기독교가 부정된다고 말하고 있는 것이다.

니체는 기독교가 육성한 덕들을 전반적으로 거부하지만 진실성이란 덕만은 자신과 후대의 사람들이 계승해야 할 최고의 덕이라고 생각한다. 니체가 가장 싫어하는 것은 자기기만이었다. 우리는 어떠한 고통이 따르더라도 자기 자신에 대해서 진실해야 한다고 그는 생각했다. 니체가 플라톤적인 전통 형이상학이나 기독교를 배격한 것도 그것들이 허약하고 비겁한 인간들의 자기기만에서 비롯된 것이라고 생각했기 때문이다. 이들은 자신들의 힘으로 현실과 대결하기를 두려워하기 때문에 피안세계를 날조함으로써 그것에서 삶의 위안을 찾으려 한다는 것이다.

## 불완전한 니힐리즘의 지배

새로운 투쟁—부처가 죽은 후에도 인간들은 수백 년 동안 동굴 안에 그의 그림자를 안치시켰다—거대하고 섬뜩한 그림자를. 신은 죽었다. 그러나 인간들의 유형과 마찬가지로 사람들이 그의 그림자를 안치할 동굴이 필시 앞으로 수천 년 동안에도 존재할 것이다. 그리고 우리는 계속 신의 이 그림자를 정복해야만 한다.

《즐거운 지식》

불완전한 니힐리즘, 그 여러 형식. 우리는 그 한가운데서 살고 있다. 지금까지의 가치를 전환하지 않고 니힐리즘으로부터 도피하려는 시험이야말로 그 반대의 것을 산출하고 문제를 첨예화한다.

《힘에의 의지》

◆ 전통 형이상학과 기독교의 신은 죽었으나 신의 그림자는 여전히 우리를 지배하고 있다. 사람들은 전통 형이상학과 기독교를 철저하게 극복하려 하지 않고 그것을 다양한 형태로 변화시켜서 온존하려고 한다. 그러한 시도들을 니체는 불완전한 니힐리즘이라고 부르고 있다.

근대의 계몽주의는 전통적인 형이상학과 기독교의 붕괴에서 비롯되는 의미상실과 가치상실 앞에서 경악하면서 신의 섭리 대신에 자연의 섭리나 역사의 섭리 혹은 내면의 양심이나 이성에 의지하려고 한다. 그리고 사람들은 피안세계 대신에 인류가 자신의 힘으로 실현해야 할 미래의 이상사회에서 구원을 찾으려고 한다. 사람들은 사회주의사회나 최대다수의 최대행복이 보장되는 사회를 희구하는 것이다. 그러나 이러한 근대적인 이념들 역시 기독교의 신이나 피안처럼 인간들이 자신들의 삶에 방향과 힘을 부여하기 위해서 만들어낸 허구에 지나지 않는다.

근대적인 이념들은 형이상학적이고 기독교적인 사고방식을 극복한 것처럼 보이지만 사실은 그러한 사고방식에 의해서 철저하게 지배되고 있다. 그것들은 사실 기독교적이고 신학적인 세계 해석이 세속화된 형태로 변양되어 나타난 것들일 뿐이다. 그러한 이념들을 신봉하는 근대인들은 신의 죽음에서 비롯된 허무주의적인 상황과 철저하게 대결하려는 것이 아니라 또 다른 자기기만을 통해서 그것에서 도피하려고 할 뿐이다.

니체는 근대인들이 허구적인 이념들을 통해서 자신의 삶을 위로하지 말고 투철한 진실성으로 자신의 삶의 실상에 직면할 것을 요구한다. 니체는 한편으로는 근대계몽주의의 인간중심주의적인 사고방식을 계승하면서도 근대의 계몽주의를 여전히 지배하고 있는 형이상학적이고 기독교적인 사고방식을 배격하고자 한다.

니체는 우리가 피안세계든 미래의 이상사회든 내면의 양심이든 모든 종류의 초감성적인 존재는 하나의 가상에 지나지 않는다는 사실을 깨닫고 생성변화하는 지상의 세계만이 유일한 실재라는 사실을 철저히 자각할 것을 촉구한다. 이러한 자각 위에서만 허무주의의 진정한 극복이 가능하다는 것이다. 그러나 피안이나 유토피아적인 미래에 대한 희망을 통해서 허무주의로부터 도피하는 것이 금해져 있을 경우에 우리는 어떻게 해서 허무주의에서 벗어날 수 있을 것인가?

## 우리가 신을 죽였다.

신들도 사멸한다! 신은 죽었다! 신은 죽어 있다! 그리고 신을 죽인 자는 바로 우리다! 살해자들 중의 살해자인 우리가 어떻게 자신을 위로할 것인가? 세계가 이제까지 소유한 가장 성스럽고 가장 강력한 것이 우리의 칼 밑에서 피를 흘리며 죽어 있다. 이 피를 씻어 줄 자 누구인가? 우리가 우리를 정화할 수 있는 물은 어떤 물인가? 어떤 참회의 제전을, 어떤 성스러운 유희를 우리는 고안해내야만 할까? [신을 죽인] 이러한 행위는 우리가 감내하기에는 너무나 위대한 행위가 아닐까? 그러한 행위를 할 자격이 있는 것처럼 보이기 위해서만이라도 우리 자신이 신이 되어야 하는 것은 아닐까? 이보다 더 위대한 행위는 없었다. 그리고 우리 뒤에 탄생하는 자는 누구든지 이 행위 덕택으로 지금까지 있었던 어떤 역사보다 더 고귀한 역사에 속할 것이다!

《즐거운 지식》

◆ 니체는 '신이 죽었다'고 말하는 것을 넘어서 우리가 '신을 죽였다'고 말하고 있다. 그리고 니체는 이러한 신의 살해를 가장 위대한 행위라고 말하고 있다. 인간은 독립적인 강한 인간이 되기 위해서는 허구적인 신에 대한 의존상태에서 벗어나지 않으면 안 된다. 신의 살해는 인간이 신에 대한 의존과 종속상태에서 벗어나 독립적으로 서기 위해서 내딛는 첫걸음이기에 지금까지의 행위 중에서 가장 위대한 행위다.

우리는 여기서 프로이트의 종교비판을 연상하게 된다. 프로이트에게 인격신을 믿는 기독교란 아버지에 대한 소아적 의존상태를 성인이 되어서도 반복하는 것에 지나지 않는다. 소아상태의 실제적인 아버지를 이제는 허구적인 신이 대신하고 있다는 점이 다를 뿐 아버지에 의존하는 소아의 태도와 신에게 귀의하는 성인의 태도 사이에는 근본적인 차이는 없다는 것이다. 프로이트에게 인간이 완전한 성인이 되기 위해서는 이러한 종교적인 의존상태에서 벗어나지 않으면 안 되는 것처럼, 니체에게도 인간이 자립적인 강한 존재가 되기 위해서는 '신의 살해'라는 부친살해가 선행되어야만 한다.

## 전통 형이상학과 기독교의 기원으로서의 허약한 힘에의 의지

신에 대한 믿음은 이제 '연약한' 자들이 만들어낸 하나의 허구라는 사실이 드러났다. 그러면 그러한 믿음이 마련해준 위안과 보호 없이도 삶이 가능할 것인가?

《반시대적 고찰》

나는 가르친다—약하게 하는 모든 것, 우리의 생을 고갈시키는 모든 것에 대한 부정을.

나는 가르친다—강하게 하는 것, 힘을 비축하는 것, 힘의 감정을 시인하는 모든 것에 대한 긍정을.

이러한 부정도 이러한 긍정도 지금까지 설파된 적은 없다. 사람들이 가르쳐 온 것은 덕, 무아(無我), 동정이며, 삶의 부정마저 역설되어 왔던 것이다. 이 모든 것들은 참다운 생을 다 소모해버린 사람들의 가치이다.

…

신성한 이름의 이면에서 나는 여러 가지 파괴적인 경향을 보았다. 우리를 약하게 하는 것, 약함을 가르치는 것, 약함을 전염시키는 것을 사람들은 신이라고 부르고 있었던 것이다.

…

인류는 악덕이 아니라 무지 때문에 타락한 것이다. 인류가 타락한 것은 생의 소모를 소모로 이해하지 않았기 때문이다. 생리학적 착오가 모든 재앙의 원인이다.

《힘에의 의지》

◆ 인간은 왜 신이나 피안 그리고 미래의 이상사회 등의 허구를 만들어 그것에 의지하고자 하는가? 니체는 인간이 연약하기 때문에 그러한 허구를 만든다고 말하고 있다. 인간은 그러한 것들에 의지함으로써 고통스런 현실을 살아갈 힘을 얻고자 한다. 그리고 역으로 그러한 허구들에 의지할수록 인간들은 더욱 약한 존재가 되고 만다. 자신의 힘으로 살아가지 못하는 허약한 자들이 만들어낸 허구가 절대적인 가치로 간주되면서 인간들의 힘을 더욱 더 약화시키는 기제로 작용하는 것이다.

그런데 전통 형이상학이나 기독교가 '연약한' 인간들이 만들어 낸 자기기만에 불과할 뿐이라면, 무의미하게 생성 소멸하는 이 지상의 세계를 살아 나갈 수 있는 길은 인간이 자신의 내적인 힘을 강화하는 길밖에는 존재하지 않는다. 니힐리즘의 진정한 극복은 인간의 자기강화, 인격의 강화에 의해서만 가능하다.

우리가 살고 있는 현실의 무상함과 고통을 긍정하면서 오히려 그것들을 자신을 강화하고 자신의 힘을 즐길 수 있는 기회로 전환할 수 있는 강인한 정신력만이 허무주의적인 상황을 진정하게 극복할 수 있다. 이러한 정신력을 니체는 '힘에의 의지'라고 부르고 있다. 전통적인 형이상학이나 종교가 내세우는 피안세계나 근대의 계몽주의가 내세우는 미래의 이상사회 등은 이러한 힘에의 의지가 약화된 상태에서 날조된 것들이다.

진정한 힘에의 의지란 자기 강화와 자기극복에의 의지이며 자신의 힘으로 자신을 구원하려고 하는 의지이다. 진정한 힘에의 의지는 무의미하게 생성 변화하는 지상으로부터의 도피를 통해서가 아니라 바로 이 지상 자체에서 자신의 구원을 획득하려고 한다. 이런 의미에서 니체의 철학은 인간을 피안과 미래라는 환상을 통해서 위로하고 달래려는 값싼 위로의 철학이 아니라, 인간을 위험과 고통에 직면시키면서 그를 단련시키려는 해머(Hammer)의 철학이다.

## 전통 형이상학과 기독교의 이원론에 대한 비판

"어떻게 해서 무엇인가가 그 반대되는 것에서 생겨날 수 있는가? 예를 들어 거짓에서 진실이, 기만으로 향하는 의지에서 진리로 향하는 의지가, 이기심에서 사심 없는 행위가, 정욕에서 현인(賢人)의 순수하고 태양 같은 눈빛이 생겨날 수 있는가? 그것은 불가능하다. 그런 것을 꿈꾸는 자는 바보이거나 오히려 바보보다 못할 것임이 분명하다. 최고의 가치를 지닌 것이라면 무엇인가 다른 독자적인 기원을 가져야만 한다. 그것은 이렇듯 무상하고 현혹되기 쉬우며 기만적이고 비루한 세계, 이 정욕과 망상의 분규에서 생겨나는 것은 아니리라! 오히려 그것은 근원적 존재의 태(胎)나 불변적인 것에서, 혹은 숨은 신과 '물자체(物自體)', 즉 사물 자체 등에서 나올 수 있으며 이러한 것 이외의 근원은 있을 수 없다!"

이렇게 판단하는 방식은 고금을 막론하고 모든 형이상학자들이 지니고 있는 전형적인 선입견과 편견을 드러내고 있다. 이런 식의 가치 판단이 그들이 가진 모든 논리의 배경에 도사리고 있다. '지식'에 대한 그들의 관점, 그리고 그들이 마침내 '진리'라고 명명한 것에 대한 관점 등은 바로 이러한 그들의 '신앙'에서 비롯된다.

《선악의 피안》

◆ 우리는 전통적으로 이분법적 사고에 익숙해져 있다. 우리는 거짓과 진실을 대립 시키고 이기심과 이타심을, 욕망과 순수한 마음을 대립시킨다. 그리고 거짓과 이기심, 욕망과 같이 소위 더러운 것의 기원은 육체나 현상계나 유한한 인간에 귀속시키고 진실과 이타심, 순수한 마음과 같이 깨끗한 것의 기원은 순수정신이나 물자체 혹은 무한한 신에 귀속시킨다. 이와 아울러서 우리는 모든 거짓과 욕정, 이기심이나 지배욕을 제거해야만 한다고 생각한다.

니체는 그러한 이원론적인 대립을 부정한다. 니체가 보기에 모든 고귀한 것이란 저열한 것과 전적으로 다른 기원을 갖는 것이 아니라 저열한 것의 승화일 뿐이다.

## 니힐리즘의 긍정적 의미

사실상 모든 위대한 성장은 거대한 분해와 소멸을 동시에 수반한다. 고통, 몰락의 징후는 거대한 전진의 시대에 속한다. 인류의 생산적이고 강력한 모든 운동은 동시에 니힐리스틱한 운동을 창출해 왔다. 염세주의의 극한적인 형태인 본래적인 니힐리즘의 출현은 경우에 따라서는 결정적이고 가장 본질적인 성장, 즉 새로운 존재 상태에로의 이행이 될 수 있다.

《힘에의 의지》

◆ 이제 니체에게서 니힐리즘은 단순히 부정적인 의미만을 갖는 것은 아니라는 것이 드러난다. 모든 최고의 가치들이 자신의 가치를 상실하고 그 결과 허무감과 가치 상실감이 지배하는 허무주의적인 상황은 인간이 보다 성장하기 위해서 필수적인 것으로 간주된다.

인간이 삶에서 어떠한 의미도 느끼지 못하는 상태인 니힐리즘은 염세주의의 극한적인 형태이지만, 이러한 극도의 고난은 인간이 독립적이고 강한 존재로 다시 태어나기 위해서 절대적으로 필요하다. 인간은 오직 그것을 통해서만 자기 고양과 자기 강화에의 의지인 힘에의 의지를 진정하게 실현할 수 있는 것이다.

## 정신과 육체는 서로 통일된 하나다. 1

정신의 구현: 한 인간이 많이 그리고 영리하게 생각할 때 그의 얼굴뿐만 아니라 그의 육체도 영리한 외관을 갖게 된다.

《인간적인, 너무나 인간적인》

◆ 니체는 인간을 정신과 육체라는 두 부분으로 구성된 것이 아니라 힘에의 의지라는 하나의 전체로서 사유하고 있기 때문에 정신과 육체도 통일된 것으로서 사유하고 있다. 우리가 영리하게 생각할 때는 우리의 얼굴과 몸도 지적인 면모를 띠게 되는 것이다.

## 정신과 육체는 서로 통일된 하나다. 2

잠을 많이 자라—지치고 자기 자신에게 염증이 날 때, 원기를 회복하려면 어떻게 하는 것이 좋을까? 어떤 이는 도박장, 어떤 이는 기독교, 어떤 이는 전기 요법을 권장한다. 나의 친애하는 우울한 이여, 가장 좋은 것은 역시 사실적으로나 비유적으로나 많이 자는 일이다! 그러면 또한 다시금 아침을 맞으리니! 생활의 지혜는 모든 종류의 잠을 꼭 알맞은 때에 자는 것이다.

《아침놀》

질병의 가치—아파서 침대에 누워 있는 자는 때때로 자기가 자신의 직업이나 일이나 인간관계에서 병을 얻었으며 또 그런 것들 때문에 자신을 돌보지 못했다는 사실을 발견하곤 한다. 그는 질병이 그에게 강요하는 여유로 인해 이러한 지혜를 체득하는 것이다.

《인간적인, 너무나 인간적인》

◆ 데카르트 같은 사람은 정신과 육체를 철저하게 분리하였다. 그에 따르면 정신은 사유하는 기능을 가지며 본질적으로 자유로

운 반면에, 육체는 어떠한 지성도 갖지 못하는 기계와 같은 것으로 보았다. 이에 대해서 니체는 정신과 육체는 분리할 수 없을 정도로 하나를 이루고 있으며, 육체는 정신 못지않은 지혜를 갖는다고 보고 있다. 모든 것에 염증을 느끼고 모든 것이 귀찮고 아무런 의미도 없는 것처럼 보일 때, 한 번 잠을 충분히 자고서 상쾌한 아침을 맞아보라. 이때 세계는 전혀 다른 모습을 드러내고 사물들 역시 신선하게 빛을 발할 것이다.

아울러 병은 우리로 하여금 우리 자신을 돌아볼 수 있는 기회를 준다. 그것은 우리가 그동안 매몰되어 있던 일들과 인간관계로부터 우리를 떼어내어 진정으로 중요한 것이 무엇인지를, 다시 말해서 내가 소중히 여겨야 할 진정한 자기는 무엇인지를 돌이켜 생각하게 한다. 육체가 겪는 병을 통하여 정신은 보다 큰 깊이와 원숙함을 갖게 되는 것이다.

## 본능과 정념은 근절되어야 하는 것이 아니라 승화돼야 한다.

과거에는 사람들이 정념에 내재된 그 우매함 때문에 바로 정념 그 자체와 투쟁을 벌인 적인 있었다. 사람들은 손을 잡고 정념을 근절시키려 했던 것이다. 과거의 모든 괴물, 도덕가들은 하나같이 '정념을 죽여야 한다'는 점에서 의견을 같이 했다. … 단순히 우매함과 달갑잖은 결과를 방지하기 위해 정념과 욕망을 근절해 버린다는 것은 오늘날 우리에게 그 자체가 하나의 심한 우매함으로 보인다. 통증을 중단시키기 위해 이빨을 뽑아버리는 치과의사들을 이제 우리는 존경하지 않는다. … 한편으로 보면, 기독교가 성장해 온 토양에서는 도저히 '정념의 정신화'가 배태될 수 없다는 사실을 인정해야 마땅할 것이다. 왜냐하면 잘 알려져 있다시피 초대교회에서는, '마음의 가난'을 위해 '지성'과 대항하여 싸웠던 적이 있으니 말이다. 거기서 어떻게 정념에 대한 지능적인 싸움을 기대할 수 있겠는가—교회는 정념을 제거하고자 한다. 교회가 시행하고 있는 그 '치료법'이라는 것도 거세법이다. 교회는 결코 '우리는 어떻게 하나의 욕망을 정신화하고, 미화하고, 신성하게 할 수 있는가?'라고 묻지 않는다. 교회는 어느 시대에나 계율의 주안점을 근절에 (관능의, 교만의, 권력욕의, 탐욕의, 복수심의 근절에) 두어왔다. —그러나 정념을 그 뿌리에서부터 공격한다는 것은 삶을 그 뿌리에서부터 공격한다는 것과 같다. 따라서 교회가 행하고 있는 것은 삶에 적대적인 것이다.

《우상의 황혼》

◆ 많은 사람들이 니체를 이성을 거부하며 욕정과 정념을 내세우는 비합리주의자라고 보는 경향이 있었다. 그러나 그는 전통적으로 대립하는 것으로 파악한 이성과 욕정 중에서 욕정을 편드는 것이 아니다. 그렇다면 그 역시 이원론적인 사고방식에 사로잡히게 된다. 그는 정념과 욕정을 통제하고 그것에 바람직한 방향이 주어지길 바랄 뿐이다.

그는 비합리주의자들처럼 정념과 욕망을 찬양하는 것도 아니고, 전통 형이상학이나 기독교처럼 제거하고 적대시하지 않는다. 정념과 욕망은 삶의 근원적인 사실이어서 이를 제거하고 근절하려 하는 것은 삶에서 모든 기쁨과 힘을 박탈하고자 하는 것이다. 정념과 욕망에 대항해서 우리는 투쟁할 것이 아니라 그것들을 승화하고 정신화해야 한다.

## 이원론적 사고방식은 허약한 의지력에서 비롯된 것이다.

거세라든가 근절과 같은 것은 의지가 너무 박약하고 너무 퇴락하여 도저히 절도를 지킬 수 없는 사람들이 욕망에 대항하여 싸우느라고 본능적으로 선택하는 수단이다. … 그러한 극단적인 수단을 불가피하게 동원하는 사람들은 퇴락한 사람들뿐이다. 또한 의지박약, 좀 더 정확하게 말해서, 자극에 대해서 반응하지 않을 수도 있는 능력의 결여도 그 자체가 또 다른 형태의 퇴락에 불과하다. … 성직자와 철학자들의 역사, 그리고 예술가들의 역사를 조사해 보라. 관능에 대한 가장 극심한 독설들은 노쇠자들로부터 나온 것이 아니었고 금욕자들로부터 나온 것도 아니었으며 금욕자가 될 수 없었던 자들, 그리고 금욕자가 될 필요가 있었던 자들로부터 나온 것들이었다.

《우상의 황혼》

◆ 자신의 욕정을 적절하게 통제할 만한 의지력을 갖지 못한

자들만이 자신의 욕정과 정념을 적대시하고 제거하려고 한다. 우리는 보통 우리가 제어할 수 있는 상대에 대해시는 관대하다. 이에 반해 우리는 우리가 제어할 수 없는 적에 대해서는 두려움과 증오심을 품으며 그를 제거하고자 한다. 이와 마찬가지로 우리가 관능이나 욕정을 여유있게 제어할 수 있는 힘을 가지고 있을 경우, 우리는 그것을 증오하지도 적대시하지도 않는다.

니체는 관능에 대해서 가장 극심한 독설을 퍼부었던 자들은 그러한 관능에서 해방되었던 자들이 아니라 오히려 그러한 관능의 힘에 의해서 압도당하고 있던 자들이라고 보고 있다. 이들은 자신들이 통제할 수 없는 관능에 대해서 공포를 품고 있는 자들이다. 관능에 대한 이들의 적대적인 공격은 사실은 관능에 대한 공포의 표현인 것이다.

이들은 얼핏 보기에는 금욕적인 것처럼 보이지만 사실은 자신이 통제하지 못하는 관능에 의해 사로잡혀 있다. 이들은 관능의 자극으로부터 자유롭지 않기에 관능에 대해서 항상 독설을 퍼붓는다. 진정으로 관능을 극복한 자들은 관능의 움직임을 여유 있게 바라 볼 수 있는 자들이며, 필요에 따라서 관능에 응하기도 하고 그것에 응하지 않을 수도 있는 자들이다.

## 관능적 욕구의 정신화는 사랑이다.

그리스도교는 에로스에게 독을 먹였다. —에로스는 그것 때문에 죽지는 않았지만 그 성격이 음란하게 변했다.

《선악의 피안》

관능의 정신화는 사랑이라 일컬어진다. 이것은 기독교에 대한 하나의 커다란 승리라 할 수 있다. 또 하나의 승리는 적의(敵意)의 정신화이다. 이 승리는 적을 가진다는 것의 가치를 깊이 인식하고 있다는 데에 있다. … 교회는 어느 시대를 막론하고 자신의 적을 파멸시키고 싶어 했다. 우리 부도덕한 자들이나 반기독교인들은 교회의 존재가 우리에게 이롭다는 사실을 알고 있다. … 정치의 세계에서도 적의는 훨씬 정신적인 것이 되었고, 훨씬 신중하고, 훨씬 사려 깊고, 훨씬 참을성 있는 것이 되었다. 어느 당파든 반대당의 세력을 쇠퇴시키지 않는다는 것이 이편의 보존에 유리하다는 사실을 알고 있다.

《우상의 황혼》

◆ 정신이 관능적인 욕정을 제거하고자 할 경우 그것은 더욱 음란해질 뿐이다. 관능적인 행위를 하지 않더라도 우리의 머리속은 온갖 음탕한 생각으로 가득 차 있게 된다. 관능적 욕구를 제거하는 것이 아니라 승화가 목적이 되지 않으면 안 된다. 니체는 관능적인 욕구의 승화가 사랑이라 하고 있다. 이에 반해 기독교는 관능적인 욕구를 근절시키려고 했고 게다가 관능적 욕구를 승화하면서 생기는 삶의 풍요로움과 기쁨도 죄악시했다. 아울러 관능적인 욕구를 다스릴 수 없는 자들은 그 책임을 자신의 허약한 의

지에서 찾지 않고 그러한 관능적인 욕구를 자극하는 이성(異性)에게서 찾는다. 여성은 유혹자로서 마귀로서 취급된다.

니체는 적의라는 부정적인 정념도 제거할 것이 아니라 오히려 승화시켜야 한다, 고 말하고 있다. 적의라는 정념 역시 관능적인 욕구와 마찬가지로 삶의 근본적인 충동이기 때문에 제거할 수 없다. 관능적인 욕구를 제거하려 할 경우 오히려 그것은 더욱더 불타오르는 것처럼, 적의도 우리가 부정하면 할수록 더욱더 불타오른다. 따라서 적의도 제거할 것이 아니라 승화시켜야 한다.

적의를 승화한다는 것은 오히려 적을 자신의 고양을 위해서 불가결한 자로서 인정하고 그에게 감사한다는 것을 의미한다. 관능적 욕구와 마찬가지로 자신의 적의를 긍정적으로 승화시킬 수 없는 자들은 그 책임을 역시 자신에게서 찾지 않고 그러한 적의를 불러일으키는 상대방에서 찾는다. 따라서 원수에 대한 사랑을 설파하던 기독교는 오히려 이단자들에 대한 극단적인 증오에 사로잡혀 있었으며 이들을 제거하려고 했다.

# 12. 모든 가치의 근원은 힘에의 의지다

— 힘에의 의지와 가치전환

## 모든 가치의 근원은 힘에의 의지이다.

생 자체가 힘에의 의지라고 할 경우, 생에는 힘의 등급 외에 가치를 갖는 것은 아무것도 존재하지 않는다.

《힘에의 의지》

◆ 전통적인 형이상학에서 가치란 그 자체로 존립하기에 인간이 무조건적으로 복종해야 하는 것으로 간주되었다. 이제 니체는 모든 존재자의 근본 성격인 '힘에의 의지'를 최고의 가치로서 내세운다. 따라서 힘을 실현하는 데 기여하는 것만이 가치를 갖는다. 한때 가치 있는 것으로 인정받았던 것도 상황이 변하여 힘을 실현하는 데 기여하지 못한다면, 그것은 더 이상 가치 있는 것으로 인정받지 못하게 된다.

힘에의 의지는 자신의 고양만을 목표로 하고 그것밖에 어느 것도 목표로 하지않기 때문에 자신 이외의 어느 것도 가치 있고 귀중한 것으로서 인정하지 않는다. 기독교의 신도 만약 그것이 인간의 힘을 성장시키는 데에 도움이 된다면 그것은 가치가 있다. 그렇지 않고 인간을 허약하게 만들고 있다면 그것은 무가치하며 폐기되지 않으면 안 된다.

## 가치란 무엇인가

'가치'라는 관점(觀點)은 생성 내에서 상대적으로 지속하는 생의 복합적인 형상들에 관계하는 유지와 고양의 조건들을 형성하는 시점이다.

《힘에의 의지》

◆ '가치'는 힘에의 의지가 자신을 유지하고 강화하기 위해서 정립하는 '세계를 보는 관점(Perspektive)'이다. 가치는 그것의 본질상 힘에의 의지가 자신을 실현하기 위해서 정립한 조건일 뿐이며, 전통 형이상학이나 기독교에서 생각한 것처럼 무조건적인 것이 아니다. 오히려 전통적인 형이상학이나 기독교도 힘에의 의지가 자신을 위해서 정립한 '세계를 보는 관점들'일 뿐이다. 그러나 그것들은 힘에의 의지를 유지 강화하기는커녕 오히려 힘에의 의지를 약화시켰다는 점에서 오히려 무가치하다.

니체가 '가치'를 '유지와 고양'의 조건이라고 말하는 것은 힘에의 의지에서는 유지와 고양이 똑같이 필수적으로 중요하기 때문이다. 어떤 단계가 먼저 확고하게 되었을 경우에만 그것 위에 다른 단계가 세워질 수 있다. 따라서 힘에의 의지는 유지의 조건들 즉 유지에 기여하고 존립을 보장하는 가치들을 필요로 한다. 그러나 동시에 그것은 지금의 단계를 뛰어넘는 것을 가능케 하는 조건들을 필요로 한다.

힘에의 의지는 원근법적인 통찰력을 갖는다.

“모든 이러한 가치들은 심리학적으로 환산할 경우 특정한 원근법적 전망의 소산이다”

《힘에의 의지》

원근법적 성격(존재자의 원근법적 구조)은 그것을 통해 인간뿐 아니라 모든 힘의 중심이 자체로부터 전세계를 구성하는 것, 즉 전세계를 자신의 힘에 비추어 측정하고 감지하며 형성하는 것이다.

《힘에의 의지》

◆ 니체에게 의지란 맹목적인 것이 아니라 분명한 목표를 가지고 있으며 그것을 실현하기 위한 수단을 만들어 낼 수 있는 존재이다. 힘에의 의지는 보다 큰 힘을 실현하기 위해서 세계를 측정하고 감지하면서 그것을 보는 관점을 형성한다. 힘에의 의지에 존재하는 이렇게 전망하고 투시하는 성격을 니체는 ‘원근법적(perspektivistisch)’ 성격이라고 부른다.

## 새로운 가치 정립과 자기 소외의 극복

우리가 실재하는 사물과 공상의 사물에 대여했던 모든 아름다움과 고상함을 나는 인간의 소유와 산물로서, 즉 인간에 대한 가장 아름다운 변명으로서 반환을 요구한다. 시인, 사상가, 신, 사랑 그리고 권력으로서의 인간 —오, 왕과 같은 관대함으로 사물들을 풍요롭게 하고 자신은 빈곤하게 되고 비참하게 느끼게 된 인간. 그가 경탄하고 기도하면서, 그 자신이야말로 그가 경탄하는 바로 그것을 창조한 자라는 사실을 자신에게 숨길 줄 알았던 것이야말로 그가 가장 사심이 전혀 없었기 때문이다.

《힘에의 의지》

◆ 전통 형이상학과 기독교에서 인간은 자신들이 정립한 신과 같은 초감성적인 존재를 전능하고 선과 자비가 가득 찬 존재로 본 반면에 자신은 무력하고 악한 존재로 보았다. 인간이 그러한 초감성적인 존재를 신봉할수록 비참하고 연약한 존재가 되었고 힘에의 의지는 약화되었다. 이제 새로운 가치 정립은 힘에의 의지를 강화하는 방식으로 행해지지 않으면 안 된다.

전통 형이상학이나 기독교에 대한 이러한 비판은 포이어바흐의 소외론과 유사하다고 볼 수 있다. 포이어바흐는 신이 가지고 있는 고귀한 능력과 힘은 사실은 인간이 갖는 능력과 힘을 외부로 투사한 것으로 보면서 그러한 능력과 성질을 다시 인간의 것으로 회복할 것을 주창했다. 이처럼 니체도 그에 의해서 선사되었을 뿐인 것에 복종해서도 안 되고 자신의 고귀한 능력과 힘을 이제 더 이상 양보해서도 안 되며 대여해 줘도 안 된다고 말하고 있다. 인간은 그 모든 고귀한 것을 자기 것으로 간주하면서 자신을 위해 청구해야만 한다.

## 철학자는 입법자이다.

본래의 철학자는 명령하는 자, 입법자이다. 그들은 말한다. "그렇게 되어야 한다!"고. 인간이 향해야 할 '어디로?'와 '무엇 때문에!'를 그들이 처음으로 정하는 것이다. 그들은 창조적인 손으로 미래를 잡는다. 현재 있는 것, 과거에 있었던 것은 모두 그들의 수단이 되고 도구가 되고 해머가 된다. 그들의 '인식'은 창조다. 그들의 창조는 입법이다. 그들의 진리에의 의지는 힘에의 의지인 것이다.

《선악의 피안》

철학자란 어떤 사람인가? 항상 유별나게 사물을 체험하고 보고 듣고 의심하고 희망하고 꿈꾸는 인간, 이러한 인간이 철학자인 것이다.

자기 자신의 사상에 의하여 마치 외부로부터 매를 맞는 것같이 위에서 또 아래에서 습격을 당하는 것같이 얻어맞는 인간, 그것은 그에게 독특한 일이며 번개와 같은 것이다.

아마 그 자신이 새로운 번개를 잉태한 폭풍일 것이다.

…

철학자—아아, 종종 자기 자신에게서 달아나며, 종종 자기 자신을 겁내는 인간—그러나 그 격심한 호기심은 그를 휘몰아 항상 다시 '자기 자신에게로 돌아가게' 한다.

《선악의 피안》

그런데 이 같은 철학자가 위험한 존재라고 한다면 강단철학자가 왜 위험하지 않은지 분명하다. 그것은 그들의 사상이 나무에 사과가 달리듯 매우 평온 무사하게 인습적인 것 속에서 열매를 맺기 때문이다. 그들의 사상은 놀라움을 주지 않는다. 그들의 사상이 세계의 경첩을 떼어 내는 일은 없기 때문이다.

《반시대적 고찰》

나는 인간이 아니라 다이너마이트다. 그럼에도 불구하고 나는 종교의 교조 같은 것이 되려고 하지 않는다. 여러 가지 종교는 천민의 일인 것이다. 종교적 인간과 접촉한 뒤에는 나는 어쩔 수 없이 손을 씻게 된다.

《이 사람을 보라》

◆ 진정한 철학자는 세계를 있는 그대로 설명하는 것이 아니라 새로운 가치를 정립하는 것이다. 그는 이를 통해서 인간들을 전혀 다른 세계로 인도한다. 이를 위해서는 그는 전통적인 가치와 그에 입각한 과거의 세계를 파괴하지 않으면 안 된다. 이런 의미에서 철학자는 다이너마이트이고 새로운 번개를 잉태한 폭풍이다. 그리고 그는 입법자이다.

# 13. 영원회귀 사상은 최대의 무게를 갖는 사상이다

'니체 바위',《차라투스트라는 이렇게 말했다》를 쓰는 데 영감을 주었다.

## 영원회귀란 무엇인가

의미도 목표도 없이 존재하는 있는 그대로의 현존재, 그러나 무로 끝나지 않고 영원히 회귀하는 현존재인 영원회귀. 이것은 허무주의의 가장 극단적인 형식이다. 무(무의미)가 영원하다!

《힘에의 의지》

◆ 니체가 말하는 영원회귀란 모든 것이 아무런 목적도 없이 영원히 회귀한다는 것이다. 우리의 삶이 의미도 목적도 없이 영원히 회귀한다는 것은 그것이 무로 돌아간다는 것보다도 더 끔직한 상태이다. 그것은 인간은 죽어도 다시 되돌아와서 의미도 목적도 없는 삶을 거듭해서 살아야 한다는 것을 의미하기 때문이다. 이런 의미에서 그것은 허무주의의 가장 극단적인 형태이다.

니체는 우리의 삶의 실상을 영원회귀의 상태로 보았다. 인간의 삶과 역사에는 헤겔이나 마르크스가 말하는 궁극적인 목표도 없고 기독교에서 말하는 피안도 없다. 인간의 삶에는 어떤 목표도 의미도 주어져 있지 않는 것이다. 이러한 영원회귀의 사상은 연약한 인간들은 도저히 감당할 수 없는 가장 두려운 사상이다. 인간들은 영원회귀의 상황을 그대로 직시하는 것을 두려워 자신들의 삶에 의미와 목표를 부여해 주는 신이나 역사의 목표 등을 가공해 내었다. 그러나 니체가 보기에 그러한 것들은 모두 거짓에 불과하며 자기기만을 통하여 삶의 위안을 얻으려고 하는 허구적인 시도들일 뿐이다.

영원회귀 사상은 최대의 무게를 갖는 사상이다.

최대의 무게—어느 날 혹은 어느 밤, 한 악마가 가장 적적한 고독 속에 잠겨 있는 너의 뒤로 슬그머니 다가와 이렇게 말한다면 너는 어떻게 말할 것인가? '네가 현재 살고 있고 지금까지 살아왔던 생을 다시 한 번, 나아가 수 없이 몇 번이고 되살아야 한다. 거기에는 무엇 하나 새로운 것은 없을 것이다. 일체의 고통과 기쁨, 일체의 사념과 탄식, 너의 생애의 크고 작은 모든 일이 다시 되풀이되어야만 한다. 모든 것이 동일한 순서로 말이다. 이 거미도 나무들 사이로 비치는 달빛(月光)도, 지금의 이 순간까지도 그리고 나 자신도. 존재의 영원한 모래시계는 언제까지나 다시 회전하며 그것과 함께 미세한 모래알에 불과한 너 자신 역시 같이 회전할 것이다.' 너는 땅에 엎드려 이를 악물고서 그렇게 말한 그 악마를 저주하지 않을 것인가? 아니면 너는 그 악마에게 '너는 신이다. 나는 이보다 더 신적인 말을 들은 적이 없다!'라고 대답할 그런 엄청난 순간을 체험한 적이 있었던가? 이러한 사상이 너를 지배하게 된다면 그것은 현재의 너를 변화시킬 것이고 아마 분쇄해 버릴 것이다. 그리고 모든 일 하나하나가 행해지는 '너는 이것이 다시 한 번 또는 수 없이 계속 반복되기를 원하느냐?'라는 질문은 가장 무거운 무게로 너의 행위 위에 놓이게 될 것이다. 아니면 이 최종적이요 영원한 인증(認證)과 봉인(封印) 그 이상의 어느 것도 원하지 않기 위해서 너는 너 자신과 인생을 사랑해야만 할 것인가?

《즐거운 지식》

◆ 니체는 영원회귀의 상태를 결코 부정적으로만 보지 않는다. 그것은 인간을 궁극적인 결단의 상황에 직면하게 한다. 이런 의미에서 니체는 영원회귀의 상태를 최대의 무게에 비유하고 있다. 영겁회귀의 사상은 연약한 인간이 감당할 수 없는 중압감을 갖는 사상이기에 그것은 엄청난 무게로 우리를 분쇄할 수도 있는 한편, 우리가 그것을 견디고 그것을 흔연히 긍정할 때에 니힐리즘을 극복하는 전환점이 될 수도 있는 것이다. 영원회귀의 상태를 인간이 적극적으로 인수할 때 인간은 지상의 삶의 순간 순간을 있는 그대로 긍정할 수 있는 힘, 즉 최고의 힘을 얻게 된다.

힘에의 의지가 목표하는 것은 자신의 고양과 강화이다. 그러나 힘에의 의지는 자신을 강화하기 위해서 시련을 필요로 한다. 이는 시련과의 대결을 통해서만 힘에의 의지는 강화될 수 있기 때문이다. 따라서 니체에게 시련과 고통은 인간이 피해야할 것이 아니라 오히려 인간을 강화시키는 계기로서 기꺼이 받아들여 할 것이다.

힘에의 의지가 궁극적으로 바라는 것은 자신의 힘을 최고도로 강화하는 것이기에 이를 위해서는 힘에의 의지가 대결해야 할 최고도의 시련이 필요하다. 힘에의 의지는 자신을 고양하기 위해서 그러한 최대의 시련, 자신이 극복해야 할 최대의 장애를 정립한다. 그리고 이러한 최고의 장애물이 바로 영원회귀의 상황이다. 우리의 삶이 이미 아무런 확정된 목적도 갖지 않는 것으로서 드러날 때 삶은 인간에게 최대의 고통으로 나타난다. 힘에의 의지가 이러한 최대의 고통 앞에서 도피하지 않고 그것과 적극적으로 대결하여 그것을 흔쾌히 받아들이게 될 경우에 힘에의 의지는 자신의 본질에 상응하는 최고의 힘을 얻게 된다.

## 생의 실상

모든 것은 가고 모든 것은 되돌아온다. 존재의 수레바퀴는 영원히 굴러간다. 모든 것은 죽고 모든 것은 다시 꽃핀다. 존재의 연령은 영원하다.

모든 것은 부서지고 모든 것은 새로 결합된다. 존재의 동일한 집은 영원히 재건되어진다. 모든 것은 헤어지고 다시 서로 만난다. 존재의 원환은 영원히 자신에 충실하게 회전한다.

매 순간에 존재는 시작된다. … 중심은 도처에 있다.

《차라투스트라는 이렇게 말했다》

◆ 니체는 신의 죽음 이후에 근대인들이 직면한 니힐리즘의 상황, 즉 삶이 지향해야 할 의미도 목표도 없다는 상황을 영원회귀 사상을 통하여 극단적으로 밀고 나감으로써 니힐리즘을 극복하려고 한다. 니체는 공산주의나 최대다수의 최대행복이 실현되는 유토피아와 같은 하나의 새로운 피안적인 목표를 설정하여 니힐리즘으로부터 도피하려 하지 않고 니힐리즘의 상태를 철저히 긍정하여 극복하려고 하는 것이다.

바로 이러한 긍정을 통하여 이전에 니힐리즘의 상태였던 것이 이제는 니힐리즘을 진정으로 극복한 생의 최고의 상태로 나타난다. 극단적인 니힐리즘의 상태로서의 영원회귀의 상태에서나 니힐리즘을 극복한 상태로서의 영원회귀의 상태에서나 모든 것이 동일하게 영구히 회귀한다는 것은 마찬가지이다. 그러나 이는 양자에서 전혀 다른 의미를 갖게 된다. 극단적인 니힐리즘의 상태에서는 모든 것이 동일하게 영원히 회귀한다는 것은 모든 것이 무의미하고 어떠한 가치도 없으며 따라서 아무래도 좋다는 의미를 갖는 반면에, 니힐리즘을 극복한 영원회귀의 상태에서는 모든 것은 의미로 충만되어 있으며 모든 순간이 절대적인 가치를 갖는다는 것, 모든 것이 절대적으로 좋다는 것을 의미한다. 삶의 중심은 피안이나 먼 미래에 있는 것이 아니라 도처에 존재하게 된다.

## 생성에 존재의 성격을 각인하라

생성에 존재의 성격을 각인하는 것—이것이 힘에의 의지의 최고형태이다 … 모든 것이 회귀한다는 것은 존재의 세계에 생성의 세계가 극한적으로 접근한 것이다.

《힘에의 의지》

인간의 위대함을 나타내는 데에 있어서 내가 택한 방식은 운명애이다. 앞을 향해서도 뒤를 향해서도 모든 영원에 걸쳐서 하나도 변경을 요구하지 않는 일. 필연적으로 닥쳐오는 일을 은폐하지 않고 견딜 뿐 아니라 사랑하는 일.

《이 사람을 보라》

◆ 니체의 영원회귀 사상은 피안세계나 미래의 유토피아에 부

여되었던 신성(神性)을 생성하는 이 세계에 다시 부여하려는 시도이다. 인간의 삶은 이제 더 이상 그것 위에 존재하는 어떤 목적에 관계하는 것이 아니지만 그렇다고 하여 목적 없이 흐를 뿐인 무의미한 생성도 아니다. 힘에의 의지는 이제 피안적인 유토피아든 미래에 실현되어야 할 유토피아든 어떠한 유토피아도 지향하지 않으며, 그것은 오직 주어진 순간에 철저할 뿐이다. 모든 것이 항상 거듭해서 회귀할 경우 생성은 생성이면서도 하나의 절대적인 의미를 획득한다. 생성하는 것, 우연적인 것은 그 자체로 모든 순간에 절대적으로 긍정되는 것이다. 생성하는 것은 전통 형이상학에서 존재에게 부여되었던 신성을 갖게 된다.

니체는 이러한 상태를 생성에 존재의 성격을 각인한다는 말로 표현하고 있다. 아무리 힘든 순간이라도 주어진 순간순간을 영원한 충만의 상태로 흔쾌히 즐기는 것이 힘에의 의지가 가장 최고로 구현한 상태이다. 니체는 이러한 상태를 또한 운명애라고 부르고 있다. 운명애란 아무리 힘든 운명이라도 단순히 견디는 것을 넘어서 사랑하는 일, 오히려 다시 한 번 반복하기를 흔쾌하게 바라는 심정이다.

## 인생을 사랑한다는 것의 의미

인생을 사랑한다는 것은 오래 사는 것을 바라는 것과는 거의 정반대의 것이다. 모든 사랑은 '순간'과 '영원'을 생각한다. 그러나 인생의 '길이'를 생각하는 것은 아니다.

《차라투스트라는 이렇게 말했다》

산다는 것은 자기 자신에 있어서 (그리고 자기 자신에 있어서뿐 아니라) 약하고 늙어가는 모든 것에 대해서 잔혹해지고 추호도 용납하지 않는 것이다.

《즐거운 지식》

중요한 것은 영원히 생생하게 존재하는 것이다. '영원히 길게 산다는 것'은 물론이고 일반적으로 단순히 살고 있다는 것은 중요하지 않다!

《인간적인 너무나 인간적인》

죽어야 할 때에 죽으라! 차라투스트라는 이렇게 가르친다. 나는 새끼를 꼬는 사람처럼 되고 싶지는 않다. 그들은 새끼를 길게 만든다. 그리고 자기 자신은 뒷걸음쳐 가는 것이다.

《차라투스트라는 이렇게 말했다》

◆ 니체의 영원회귀 사상은 매 순간순간을 영원의 무게를 갖는 것으로 살 것을 요구한다. 그것은 매 순간순간을 생생하게 사는 것이다. 인생의 가치는 연명의 길이에 의해서 결정되는 것이 아니라 인간이 얼마나 한순간이라도 생명력 있게 살았는가에 결정된다. 행복이 양에 의해서가 아니라 질에 의해서 결정되는 것처럼 말이다.

## 세계와 자아 그리고 시간과 영원의 통일성에 대해서

우리가 우리 자신에 만족을 하고 있는지 어떤지는 결코 중요한 문제가 아니다. 우리가 일반적으로 무엇에 대해서 만족을 하고 있는지가 문제인 것이다.

만일 우리가 단 한 순간에라도 '좋다'고 말한다면, 그것에 의해서 우리는 비단 우리 자신에 대해서뿐 아니라 모든 존재에 '좋다'고 말한 셈이 된다. 우리 자신 속에서도 사물 속에서도 단독으로 존재하는 것은 하나도 없기 때문이다.

그리고 단 한 번일지라도 우리의 영혼이 현(絃)처럼 행복하게 떨며 울려 퍼졌다면, 이 한 가지 일의 조건으로서 일체의 영원이 필요했던 것이다.—그리고 우리가 '좋다'고 말한 이 유일한 순간에 모든 영원이 '좋다'는 말을 듣고 구제되고 정당하다고 간주되고 긍정되었던 것이다.

《힘에의 의지》

◆ 니체는 우리가 진정으로 만족스런 순간이 무엇인지에 대해서 말하고 있다. 이러한 순간에는 우리는 우리 자신에 대해서뿐 아니라 모든 것에 대해서 '좋다'고 말하게 된다. 이는 모든 존재는 서로 긴밀하게 얽혀 있기 때문이다. 우리는 고립된 자아가 아니라 세계와 다른 인간들과 내밀한 관련을 맺고 있다. 아울러 우리가 사는 현재는 무한한 과거와 그리고 무한한 미래와 연결되어 있다. 현재는 고립되어 존재하는 것이 아니다.

따라서 우리가 여기 이 순간에 '좋다'라고 말한다면, 나는 세계 전체와 과거와 미래 전체를 긍정하는 것이다. 영원회귀 사상은 우리가 매 순간순간마다 '좋다'라고 말하는 것을 통해서 자신의 세계와 자신의 과거와 미래와 화해하기를 바라는 사상이다.

### 세계란 무엇인가—세계는 디오니소스신이다.

그리고 그대들은 또한 나에게 '세계'란 무엇인지를 알고 있는가? 내가 그대들에게 이 세계를 나의 거울에 비추어 보여 주어야 할까? 이 세계, 그것은 시작도 끝도 없는 거대한 힘, 증대하는 일도 없으며 감소하는 일도 없고 소모되지도 않고 오직 변전할 뿐인 확고한 양의 힘이다. 이 세계는 그 상태에서는 변하지만 전체로서는 그 크기가 불변하며 지출도 손실도 새로운 증가나 수입도 없는 가계(家計)와 같다. 그것은 자기 자신의 한계를 갖는 것 이외에는'무'(無)에 의해 둘러싸여 소진되지도 탕진되지도 않지만 무한한 연장을 갖지 않고 일정한 힘으로서 일정한 공간 속에 주어져 있다. 그러나 이 공간은 어떤 비어 있는 것이 아니라 그것에는 힘들이 충만하여 있고 힘들의 유희, 하나이며 동시에 많은 힘의 파도, 이쪽에서 증가하면 저쪽에서는 감소하는, 자신 안에 광포(狂暴)하게 밀려들고 넘쳐나는 힘을 안고 있는 바다이다. 그것은 영겁의 시간과 더불어 영원히 변화하면서 영원히 달음질쳐 돌아오고 회귀하면서 자신의 형성 활동을 때로는 소홀히 하며 때로는 애를 쓰며 가장 단순한 것에서 가장 복잡한 것 속으로 전진하면서 가장 조용하고 단단하고 냉랭한 것에서 탈피하여 가장 작렬하며 거칠며 자기모순적인 것으로 들어가서 다음에는 다시 충실한 것에서부터 단순한 것으로 돌아온다. 그것은 모순에 찬 유희에서 조화로 가득 찬 쾌감으로 되돌아가고, 이렇게 전적으로 동일한 자신의 궤도와 연월을 더듬어 나아가면서도 자기 자신을 긍정하며 영원히 회귀하지 않을 수 없는 것이다. 그것은 어떠한 포만, 권태, 피로도 모르는 생성으로서 자기 자신을 축복하고 있는 것—영원히 자신을 창조하고 파괴하는 이러한 나의 디오니소스적 세계…

《힘에의 의지》

◆ 니체는 여기서 세계를 힘 자체로서 사유하고 있다. 세계란 증대하지도 감소하지도 않는 충만된 힘이다. 힘은 영원히 자신과 유희한다. 그러한 유희란 자신을 파괴했다가 창조하며 조용히 스러졌다가 다시 솟아오르는 모순적이면서도 조화로운 유희이다. 삶이란 힘들의 유희이다. 인간을 비롯한 모든 것들은 서로의 힘을 고양시키기 위해서 유희하다가 미련없이 사라지고 다시 또 태어나면 또한 서로의 힘을 즐기고 유희한다. 삶이란 바다가 자신과 행하는 유희와 다르지 않다. 바다는 잔잔하게 사그라들다가 다시 파도를 일으키고 다시 사그라든다. 그러한 유희에는 어떠한 목적도 의미도 없다. 유희 자체가 목적일 뿐이다. 그는 어떠한 목적도 따지지 않고 지금 여기서의 유희에 몰두한다.

니체는 이러한 힘들의 유희를 신적인 것으로 사유하고 있으며 그것을 디오니소스라 부르고 있다. 이 신은 기독교에서처럼 피안에 거주하는 것이 아니라 영원히 회귀하는 세계의 전체적인 힘을 말한다. 인간이 자신의 힘에의 의지에 충실하면서 이우주의 삶을 닮을 때 인간은 이 신을 닮게 되는 것이다. 이 신은 피안에서 차안을 내려다보고 심판하는 엄격한 도덕적인 신이 아니라 지상에서 경쾌하게 춤추는 신이다. 인간이 영원회귀의 유희에 몰두할 때 인간은 이 신을 닮게 될 것이다.

## 생을 유희하듯이 살아라!

이 세계에서는 오직 예술가와 어린아이만이 어떠한 도덕적 책임도 묻지 않고 천진무구하게 생성과 소멸, 건설과 파괴의 놀이를 행한다. 어린이와 예술가가 유희하듯이 이 영원히 살아있는 불도 유희하며 무구하게 타오르다가 사그라든다. 그리고 장구한 세월은 이러한 유희를 자신과 행한다.

《힘에의 의지》

◆ 예술가의 창작행위에는 성공과 실패가 있을 뿐 도덕적으로 선하고 악한 것은 없다. 예술은 도덕과 다른 척도를 갖는다. 어린이의 유희라는 것도 보다 흥미있는 유희가 있고 재미없는 유희가 있을 뿐 거기에는 어떠한 도덕적 비난도 질책도 존재하지 않는다. 니체는 인간의 삶도 예술가의 창작행위와 어린이의 유희와 같다

고 생각한다. 따라서 니체는 인간의 삶을 판단하는 범주도 도덕적인 것보다 예술적인 것이 더 타당하다고 생각한다. 여기서 무구하다는 것은 죄가 없다는 것이 아니라 죄와 무죄라는 범주를 완전히 넘어서 있다는 의미를 갖는다. 그것은 선악의 피안에 서는 것을 의미한다.

니체는 어린애가 흥미 있는 유희를 할 때나 예술가가 작품을 창작할 때 그러한 행위들의 의미와 목적을 묻지 않고 다만 그것들이 좋다는 이유로 그것에 몰입하는 것처럼 우리도 삶을 그와 같이 살기를 바란다.

## 영원회귀 사상의 실존적 성격

이 사상은 '인간과 시간을 초월한 6000피트'라는 주석을 달아 놓고 한장의 종이 위에 기록된 것이다. 그날 나는 실바플라나의 호수를 따라 숲 속에서 걷고 있었다. 수를레이로부터 멀지 않은 피라미드처럼 우뚝 솟은 거대한 바위 앞에서 나는 멈췄다. 그때 나에게 이 사상이 엄습했다.

《이 사람을 보라》

사상을 올바르게 이해하기 위해서는 따뜻함과 열중도 또한 필요하지 않은가. 그리고 이것이야말로 곧 본다는 일인 것이다!

당신들은 마치 사상과 사귀는 데에는 인간과 사귀는 것과는 다른 방식이라고 있는 것 같은 기색이 아닌가!

《아침놀》

◆ 니체는 자신에게 영원회귀라는 사상이 자신을 엄습했다고 말하고 있다. 이 사상은 다른 사상에서부터 추론된 것도 아니며 니체가 임의로 고안한 것도 아니며 단적으로 그를 찾아 온 것이다. 이러한 사상에 엄습되면서 그에게 세계는 그 전과는 전혀 다르게 나타난다. 이 사상은 '피라미드처럼 우뚝 솟은 거대한 바위 앞에서 자신을 찾아 왔다'고 니체는 쓰고 있다. '피라미드처럼 우뚝 솟은 거대한 바위'란 영원회귀의 운명을 의연하게 견디면서 자신의 강력한 힘을 즐기는 자의 불요불굴의 자세를 상징한다고 볼 수 있다.

니체의 영원회귀 사상과 같은 사상은 단순히 머리로만 이해될 수는 없다. 그 사상은 우리가 그것을 실존적으로 경험하고 그것을 통해서 우리 자신을 변화시킬 것을 요구한다. 그렇지 않았을 경우 우리는 그 사상을 이해하지 못한 것이 된다.

## 영원회귀 사상은 영감에서 비롯된 것이다.

이 19세기 말의 이 시점에서 활기에 찬 시대의 시인들이 영감이라고 부른 것에 대해서 뚜렷한 관념을 가지고 있는 자가 있을까? 없다면 내가 그것을 말하리라.

조금이라도 미신을 믿는 사람이라면 실제로 자기가 압도적으로 강력한 힘의 단순한 화신, 단순한 입, 단순한 매체에 지나지 않는다는 상념을 거의 물리치지는 못할 것이다. 돌연 입으로 말할 수 없을 정도의 확실함과 정묘함으로, 깊은 내면에서부터 뒤흔들고 뒤엎는 어떤 것이 눈에 보이게 되고, 귀에 들리게 된다고 하는 의미에서의 계시라는 개념은 다만 겉으로 드러난 사실만을 말하고 있을 따름이다.

사상은 듣는 것이지 탐구하는 것이 아니다. 받는 것이어서 누가 주는지 묻지 않는다. 번개처럼 필연성을 지니고 갑자기 하나의 사상이 번득인다. —나는 한 번도 선택을 하지 않았다.

…

형상과 비유가 마음대로 되지 않는다는 것은 무엇보다도 주목할 만한 일이다. 형상이 무엇이고 비유가 무엇인가 하는 개념은 이제는 없어진다. 일체는 가장 친근한, 가장 올바른, 가장 단순한 표현으로서 나온다. 실제로 차라투스트라의 말을 상기해 보면, 마치 사물이 자기 발로 다가와 비유로서 몸을 의탁하는 것같이 생각되는 것이다.

《이 사람을 보라》

◆ 니체는 자신의 사상이 영감에서 비롯된 것이라고 말하고 있다. 그의 사상은 세계에 대한 과학적인 탐구에서 비롯된 것이 아니다. 사상은 듣는 것이지 탐구하는 것이 아니다. 그의 사상은 그의 삶의 모든 경험과 고뇌, 고통이 하나로 용해되면서 그의 내

면의 밑바닥에서 솟아오른 것이다. 이 경우 니체와 세계는 주관과 객관으로서 분리되어 있는 것이 아니다. 니체는 세계를 객관적으로 분석한 후 그것을 적당한 말로 표현한 것이 아니다. 세계는 오히려 말로서 니체에게 다가온 것이며 니체는 단순히 그 말을 토로했을 뿐이다.

니체의 영원회귀 사상이란 이러한 영감에서 비롯된 것이라고 보아야 한다.

## 새로운 고통과 장난감으로서의 영원회귀 사상

사람들의 정신적 시선과 통찰력에 비례하여 그 사람을 둘러싸는 원경(遠景), 즉 그가 사는 공간이 확대된다. 그의 세계는 더욱 깊어지며 더욱더 새로운 별들과 새로운 수수께끼와 형상들이 그의 시야에 들어온다. 정신의 눈이 예리함과 깊이를 갖도록 단련시켜준 모든 것은 그것의 수련을 위한 계기에 불과했던 것이다. 말하자면 어린이나 어린이 같은 자들에게 필요한 장난감 같은 것이었다. 그것 때문에 실로 많은 싸움이 행해졌고 많은 고통을 야기시켰던 저 장엄한 개념들, 즉 '신'이라든가 '죄'라든가 하는 개념도 아마도 언젠가는 우리에게 대수롭지 않게 나타날 것이다. 마치 노인에게 어린이 장난감이나 어린이의 고통이 그렇게 생각되는 것처럼. 그러나 그렇게 되었을 때 아마도 '노인'은 다시 다른 장난감과 다른 고통을 필요로 할 것이다. 그는 여전히 어린이인 것이다. 그는 영원한 어린이이다!

《선악의 피안》

◆ 니체는 인간이 얼마나 성숙한가에 따라서 그가 사는 세계도 달라진다고 생각한다. 근대인은 이제 전통 형이상학이나 기독교적인 세계에서 살기에는 너무 성숙해졌다. 근대인에게 피안을 말하는 전통 형이상학이나 기독교란 유치하게 느껴진다. 물론 그러한 세계관도 인간의 성숙을 위해서 한동안 기여를 했으나 이제 인간들에게 그것들은 어린애의 장난감처럼 생각되는 것이다.

근대인은 지금 니힐리즘이란 새로운 고통을 겪고 있다. 이것은 전통적인 세계상이 한갓 장난감으로 드러나게 되면서 인간이 겪게 되는 고통이다. 인간은 과거의 세계상으로 되돌아 간다거나 그것을 적당히 변용하여 그러한 고통을 극복할 수는 없다. 근대인은 영원회귀라는 새로운 세계상을 통해서만 그러한 고통을 극복할 수 있는 것이다.

## 세계는 비극적 아름다움의 세계이다.

고통조차도 그 안에서는 하나의 자극제가 되는, 넘치는 생명과 힘의 느낌으로서의 주신제—그것에 관한 심리학은, 특히 우리 염세주의자들뿐 아니라 아리스토텔레스까지도 오해를 했던 저 비극적 감정이라는 개념을 이해할 수 있는 열쇠를 내게 제공해 주었다. 비극은 그리스인들이 염세주의적이었다는 쇼펜하우어식의 주장을 입증하는 것이 아니라 그러한 주장에 대한 결정적인 부정이자 반증으로 간주되어야 한다. 가장 낯설고 가혹한 삶의 문제들 가운데서도 찾아볼 수 있는 삶에 대한 긍정, 가장 고귀한 삶의 전형을 희생시켜 가면서도 고유의 무궁무진성에 환희를 느끼는 삶에의 의지—그것이 바로 내가 디오니소스적이라고 부르는 것이며 그것이 바로 내가 비극 시인의 심리학에 이르는 교량으로서 인식한 것이다. 연민과 공포를 없애기 위해서가 아니라 그리고 감정의 격심한 방출을 통해 그 위험한 감정을 정화하기 위해서가 아니라—아리스토텔레스는 그렇게 이해했지만—연민과 공포를 넘어서서 자기 자신 안에서 생성의 영원한 기쁨을 실현하기 위해서, 파멸에 대한 기쁨까지도 포함하는 기쁨을 실현하기 위해서 말이다.

《우상의 황혼》

◆ 니체는 그의 처녀작인 《비극의 탄생》에서 지금까지의 상식적인 그리스관을 완전히 전복시키고 있다. 그리스인들은 인생의 밝은 면만을 보고 그것에 희희낙낙하는 천박한 사람들이 아니었다. 그들은 인생의 어두운 측면과 비합리성에 대한 예리한 감수성을 가지고 있었다. 삶의 가혹함과 파괴성을 인정하면서도 삶을 흔연히 긍정하는 것이 그리스비극의 본질이었다.

디오니소스는 니체가 기독교의 신의 죽음 이후에 제시하려고 하는 새로운 신이다. 니체가 신이 죽었다고 말했을 때 그 신은 인간의 자율성을 억압하는 권위주의적인 신이다. 대부분의 기독교도에게 신은 자신의 뜻에 순종하면 은총을 주는 반면에 자신을 거역하면 진노하고 벌을 내리는 하나님을 의미한다. 이러한 하나님은 인간이 자신을 거역하고 독자적으로 서는 것을 싫어하는 권위주의적 하나님이다.

신의 죽음이란 권위주의적인 부친에 대한 살해에 비유할 수 있다. 인간은 스스로 서기 위해서 이러한 아버지의 굴레로부터 벗어나지 않으면 안 된다. 그리고 우리는 인간의 독립과 자율을 기뻐하고 오히려 인간이 자신의 위치로 올라오기를 바라는 신을 추구하지 않으면 안 된다. 니체는 이러한 신을 디오니소스라고 부르고 있거니와 이러한 신이란 인간 위에 군림하는 신이 아니라 사실은 세계와 인간의 무한한 힘의 상징이라고 할 수 있다.

니체에게 아름다움이란 강함에서 비롯된다. 혼돈과 무질서로 가득한 것처럼 보이는 세계와 인간의 삶은 오직 강한 자에게만 아름답게 나타날 수 있다. 그는 세계와의 대결을 통해서 그것을 의연히 버티는 자신의 힘을 향유하는 한편, 그 세계를 이제는 더 이상 두려운 세계로서 느끼지 않고 아름답고 충만한 세계로서 느끼게 된다.

세계는 서로 간의 긴장에 찬 대립을 통하여 서로의 힘을 고양시키는 세계로서 나타나게 되는 것이다. 그것은 비극적인 아름다움의 세계이며 디오니소스적인 세계이다.

# 그대 자신이 되어라

2판 3쇄 발행 2023년 2월 14일

2판 2쇄 발행 2018년 11월 9일

2판 1쇄 발행 2016년 5월 25일

1판 1쇄 발행 2012년 6월 15일

엮은이 박찬국

발행인 신현부

발행처 부북스

주소 서울시 중구 다산로29길 52-15

이메일 boobooks@naver.com

ISBN 979-11-86998-38-0 03160

이 도서의 국립중앙도서관 출판예정도서목록(CIP)은 서지정보유통지원시스템 홈페이지(http://seoji.nl.go.kr)와 국가자료종합목록시스템(http://www.nl.go.kr/kolisnet)에서 이용하실 수 있습니다. (CIP 제어번호 : CIP2016011971)